Curso

*La diferencia entre aprobar
y sacar plaza*

Auxiliar de Enfermería

DIPUTACIÓN PROVINCIAL DE BURGOS

Si aún no dispones de tu **Curso MAD360**, te ofrecemos un acceso GRATIS de 30 días para que disfrutes de los siguientes recursos:

- Técnicas de Memoria 360.
- MADTEST: Test *online* Nivel PRO.
- Temario en formato digital.
- Vídeos.
- Esquemas.
- Planificación de estudio.
- Foro entre opositores hasta la fecha del examen.*
- Recursos y novedades exclusivas.
- Consúltanos sobre tu oposición y proceso selectivo.
- Actualizaciones legislativas (Boletines Oficiales) hasta 60 días antes de la fecha del examen.*

Para acceder a esta prueba del Curso MAD360** será necesaria la compra de todos los libros para esta especialidad de la edición 2025.

Regístrate en **mad.es/iniciar-sesion** y en la pestaña MIS CURSOS valida los códigos que encuentras en la última página de tus libros.

NOTA IMPORTANTE:

* Examen de esta categoría profesional correspondiente a la convocatoria publicada en el BOE n.º 224, de 17 de septiembre de 2025, o hasta el 31 de octubre de 2026, lo que se cumpla antes, y previa renovación del servicio.

** El acceso al CURSO MAD360 estará disponible desde octubre de 2025 (algunos recursos podrían estar disponibles en fecha posterior). Tendrá una duración de 30 días RENOVABLES mediante pago, desde la validación de códigos, o hasta el 30 de abril de 2027, lo que se cumpla antes.

MAD se reserva el derecho a ampliar dichas fechas.

Auxiliar de Enfermería de la Diputación Provincial de Burgos

Octubre, 2025

Auxiliar de Enfermería de la Diputación Provincial de Burgos

Test del temario

Autores

FRANCISCO JESÚS TORRES FONSECA
Licenciado en Derecho

DOMINGO GÓMEZ MARTÍNEZ
Licenciado en Derecho

LIDIA PONCE MARTÍNEZ
Licenciada en Psicología

ROBERTO SALAMANCA CRIADO
Licenciado en Derecho

M.ª DEL CARMEN SILVA GARCÍA
Diplomada Universitaria en Enfermería
Técnica Especialista de Laboratorio

ROCÍO CLAVIJO GAMERO
Licenciada en Psicología

MANUEL ALÉS REINA
Diplomado Universitario en Enfermería

CARMEN ROSA JUNQUERA VELASCO
Diplomada Universitaria en Enfermería

M.ª JOSÉ GARCÍA BERMEJO
Licenciada en Biología
Técnico Superior en Laboratorio de Diagnóstico
Clínico

JUAN MANUEL GIL RAMOS
Licenciado en Medicina. Master en Salud Ambiental.
Médico Puericultor. Profesor de Procesos Diagnósticos
Clínicos y Productos Ortoprotésicos y Profesor de
Procesos Sanitarios y Asistenciales

© 7 Editores Recursos para la Cualificación Profesional y el Empleo, S.L. (7 Editores)
© Los autores
Primera edición, octubre 2025 (136 páginas)
Derechos de edición reservados a favor de 7 Editores
IMPRESO EN ESPAÑA
Diseño Portada: 7 Editores
Edita: 7 Editores
Avda. San Francisco Javier, 9 · Edificio Sevilla 2 · Planta 11 · Módulos 25-27 · 41018 Sevilla
Teléfono: 954 784 411 · WEB: www.mad.es · e-mail: administracion@7editores.com
ISBN: 979-13-702-8138-0
© "Editorial Mad" y "Eduforma" son nombres comerciales registrados de
7 Editores Recursos para la Cualificación Profesional y el Empleo, S.L.

Índice

MATERIAS COMUNES

GRUPO I

TEST N.º 1

La Constitución Española de 1978. Características y estructura. Derechos y deberes fundamentales. Garantías y suspensión

1. ¿En qué se fundamenta la Constitución Española?

a) En un Estado social y democrático de Derecho.
b) En la indisoluble unidad de la Nación española.
c) En la independencia de los poderes del Estado.
d) En la organización territorial del Estado.

2. Según el artículo 3 de la CE, el castellano es la lengua oficial del Estado y todos los españoles:

a) Tienen el deber de usar y el derecho de conocer el castellano.
b) Tienen el derecho y el deber de conocer el castellano.
c) Tienen el deber de conocer y el derecho de usar el castellano.
d) Tienen el derecho de conocer y usar el castellano.

3. La Constitución Española reconoce y garantiza el derecho a la autonomía:

a) De las nacionalidades que la integran.
b) De las regiones que la integran.
c) De las Comunidades Autónomas que la integran.
d) De las nacionalidades y regiones que la integran.

4. El Preámbulo de la Constitución:

a) Tiene en sí carácter de norma jurídica.
b) Es una declaración de intenciones, destinada a interpretar lo que se quiere alcanzar con el contenido normativo de la Constitución.
c) Se trata de un texto sin fuerza jurídica de obligar.
d) Las respuestas b) y c) son correctas.

5. Señala la afirmación correcta, respecto de la aprobación, ratificación y publicación de la Constitución Española:

a) Aprobada por las Cortes el 31 de octubre de 1978, ratificada por el pueblo en referéndum el 6 de diciembre de 1978 y publicada el 29 de diciembre de 1978.
b) Aprobada por las Cortes el 30 de octubre de 1978, ratificada por el pueblo en referéndum el 16 de diciembre de 1978 y publicada el 27 de diciembre de 1978.
c) Aprobada por las Cortes el 31 de octubre de 1978, ratificada por el pueblo en referéndum el 16 de diciembre de 1978 y publicada el 29 de diciembre de 1978.
d) Aprobada por las Cortes el 10 de octubre de 1978, ratificada por el pueblo en referéndum el 26 de diciembre de 1978 y publicada el 30 de diciembre de 1978.

6. ¿En qué parte de la Carta Magna se establece la exposición de motivos que impulsan la norma constitucional y los objetivos que con ella se pretenden alcanzar?

a) En el Título preliminar.
b) En el Preámbulo.
c) En el Título I.
d) En el Título II.

7. La Constitución Española fue sancionada por:

a) El Rey.
b) El Presidente del Congreso.
c) Las Cortes Generales.
d) El Presidente del Gobierno.

8. ¿Cuáles de los siguientes españoles de origen pueden ser privados de su nacionalidad?

a) Exclusivamente los miembros de grupos terroristas.
b) Los miembros de grupos terroristas y los que atenten contra el Rey u otro miembro de la Casa Real.
c) Los que atenten contra un miembro de la Familia Real o del Gobierno de la Nación.
d) Ningún español de origen podrá ser privado de su nacionalidad.

9. Según la CE son fundamentos del orden político y la paz social:

a) La dignidad de la persona, los derechos violables que les son inherentes y el respeto a la ley.
b) La dignidad de la persona, el desarrollo limitado de la personalidad y el respeto a la ley.
c) El respeto a la ley, a los reglamentos administrativos y demás disposiciones legales.
d) La dignidad de la persona, los derechos inviolables que le son inherentes, el libre desarrollo de su personalidad, el respeto a la ley y a los derechos de los demás.

10. ¿Cuál de los siguientes es considerado por la CE como uno de los valores superiores del ordenamiento jurídico?

a) La jerarquía normativa.
b) El pluralismo político.
c) La publicidad normativa.
d) La equidad.

11. La forma política del Estado español es:

a) Democracia parlamentaria.
b) Gobierno parlamentario.
c) Monarquía parlamentaria.
d) República democrática.

12. La parte de la CE que regula la estructura de los principales órganos del Estado recibe el nombre de:

a) Parte dogmática.
b) Parte orgánica.
c) Parte estatal.
d) Parte estructural.

13. Según la CE, la soberanía nacional:

a) Corresponde a las Cortes Generales, al estar compuestas por los representantes del pueblo.
b) Corresponde al Rey.
c) Reside en el pueblo español.
d) Corresponde al Gobierno de la Nación elegido directamente por el pueblo.

14. El derecho a la propiedad en nuestra Constitución es un Derecho:

a) Inherente a la condición humana.
b) Absoluto.
c) Limitado por la función social de la misma.
d) Ninguna de las respuestas anteriores es correcta.

15. ¿En qué parte de la Carta Magna se señalan los valores superiores del ordenamiento jurídico?

a) En el Preámbulo.
b) En el Título Preliminar.
c) En el Título I.
d) Ninguna respuesta es correcta.

16. ¿Cuál de las siguientes es una de las características de nuestra Constitución de 1978?

a) Consensuada.
b) Corta.
c) Conservadora.
d) Originalidad.

17. Son el fundamento del orden político y de la paz social:

a) El libre desarrollo de la personalidad.
b) Los derechos inviolables que les son inherentes.
c) El respeto a la ley y a los derechos de los demás.
d) Todas las respuestas son correctas.

18. Las primeras elecciones democráticas celebradas en España tras la muerte de Franco tuvieron lugar en:

a) 1975.
b) 1976.
c) 1977.
d) 1978.

19. El referéndum en el que se aprobó popularmente la Constitución se llevó a efecto el:

a) 27 de diciembre de 1978.
b) 6 de diciembre de 1978.
c) 31 de octubre de 1978.
d) 29 de diciembre de 1979.

20. La ponencia encargada de redactar el borrador de la Constitución se constituyó en el:

a) Senado.
b) Senado y Congreso de los Diputados.
c) Congreso de los Diputados.
d) Gobierno de la Nación.

En MADTEST tienes **más preguntas de este tema**, y todos tus avances quedan registrados y se reflejan en el ranking.

¡Supera tus límites con MADTEST!

Solución al test n.º 1

1. b) En la indisoluble unidad de la Nación española.

2. c) Tienen el deber de conocer y el derecho de usar el castellano.

3. d) De las nacionalidades y regiones que la integran.

4. d) Las respuestas b) y c) son correctas.

5. a) Aprobada por las Cortes el 31 de octubre de 1978, ratificada por el pueblo en referéndum el 6 de diciembre de 1978 y publicada el 29 de diciembre de 1978.

6. b) En el Preámbulo.

7. a) El Rey.

8. d) Ningún español de origen podrá ser privado de su nacionalidad.

9. d) La dignidad de la persona, los derechos inviolables que le son inherentes, el libre desarrollo de su personalidad, el respeto a la ley y a los derechos de los demás.

10. b) El pluralismo político.

11. c) Monarquía parlamentaria.

12. b) Parte orgánica.

13. c) Reside en el pueblo español.

14. c) Limitado por la función social de la misma.

15. b) En el Título Preliminar.

16. a) Consensuada.

17. d) Todas las respuestas son correctas.

18. c) 1977.

19. b) 6 de diciembre de 1978.

20. c) Congreso de los Diputados.

TEST N.º 2

La organización territorial del Estado. Las comunidades autónomas. Las entidades locales. La provincia: organización y competencias

1. Según la Constitución, las entidades que forman parte de la organización territorial del Estado tienen la nota común de:

a) Autogobierno.
b) Independencia.
c) Autonomía.
d) Financiación propia.

2. La titularidad de la soberanía española radica en el/las:

a) Cortes Generales como representantes del pueblo español.
b) Rey como Jefe del Estado.
c) Pueblo mismo.
d) Nacionalidades y regiones que integran España.

3. No pueden constituirse en Comunidades Autónomas los territorios:

a) Que no estén integrados en la organización provincial.
b) Que, no siendo superiores a una provincia, tengan entidad regional histórica.
c) Que, no siendo superiores a una provincia, no tengan entidad regional histórica.
d) Interinsulares.

4. La vía ordinaria de acceso a la autonomía por el artículo 143 de la Constitución se sigue por los/las:

a) Provincias con entidad regional histórica.
b) Territorios que en el pasado hubieren plebiscitado afirmativamente proyecto de Estatuto de Autonomía.
c) Provincia sin entidad regional histórica directamente.
d) Supuestos especiales de Ceuta, Melilla y Gibraltar.

5. Entre las determinaciones de los Estatutos de Autonomía no es necesario incluir la:

a) Delimitación de su territorio.
b) Denominación de las instituciones autónomas propias.
c) Denominación de la Comunidad.
d) Denominación, organización y sede de sus instituciones administrativas.

6. En las Comunidades Autónomas que siguen la vía común, el Proyecto de Estatuto será elaborado por la/los:

a) Asamblea de Parlamentarios que se constituye al efecto.
b) Comisión Constitucional del Congreso de los Diputados.
c) Diputación Provincial correspondiente.
d) Miembros de la Diputación u órgano interinsular y por los Diputados y Senadores elegidos por ellas.

7. El voto de ratificación por los Plenos del Senado y del Congreso de los Diputados se dará en el/las:

a) Comunidades Autónomas que siguen la vía común.
b) Comunidades Autónomas que siguen la vía especial.
c) Acceso a la autonomía de Ceuta y Melilla.
d) Acceso a la autonomía de Gibraltar.

8. La responsabilidad política del Presidente de una Comunidad Autónoma se exige por el/la:

a) Sala de lo Penal del Tribunal Supremo.
b) Congreso de los Diputados.
c) Tribunal Superior de Justicia de la Comunidad Autónoma.
d) Asamblea Legislativa de la Comunidad Autónoma.

9. La Asamblea Legislativa de las Comunidades Autónomas se elige:

a) Con criterios de representación territorial.
b) Con criterios de representación proporcional.
c) Por sufragio individual.
d) Con criterios de representación provincial.

10. El principio de coordinación con la Hacienda estatal se consigue por:

a) El Fondo de Compensación Interterritorial.
b) Los preceptos de las sucesivas Leyes de Presupuestos Generales del Estado.
c) La creación del Consejo de Política Fiscal y Financiera de las Comunidades Autónomas.
d) Imperativo de la propia Constitución.

11. Los Estatutos de Autonomía deberán contener el/la/las:

a) Competencias que se dejan al Estado y las que asume la Comunidad.

b) Competencias que, en función de la Constitución, asume cada Comunidad Autónoma.

c) Desarrollo de la Administración Autonómica.

d) División provincial y órganos de gobierno.

12. En la reforma de los Estatutos intervienen las Cortes Generales:

a) Siempre.

b) Nunca.

c) Sólo cuando se trata de Comunidades Autónomas que accedieron por la vía común.

d) En las Comunidades Autónomas de vía especial exclusivamente.

13. Los miembros de las Diputaciones u órganos interinsulares intervienen en la elaboración de los Estatutos de Autonomía:

a) En todo caso.

b) Nunca.

c) En las Comunidades Autónomas de vía común.

d) En las Comunidades Autónomas de vía especial.

14. Los Estatutos de Autonomía en la vía común se aprueban por el:

a) Congreso de los Diputados mediante Ley Orgánica.

b) Congreso de los Diputados y Senado por Ley Orgánica.

c) Congreso de los Diputados y Senado por Ley ordinaria.

d) Parlamento Autonómico solamente.

15. La más alta representación de una Comunidad Autónoma la ostenta el:

a) Presidente del Parlamento Autonómico.

b) Presidente de la Comunidad Autónoma.

c) Rey.

d) Presidente del Gobierno de la Nación.

16. La asunción de competencias y de mayor autonomía por las Comunidades Autónomas es, como regla general:

a) Regresiva.

b) Progresiva.

c) Automática.

d) Inmediata.

17. En la elaboración por la vía común de los Estatutos de Autonomía:

a) No intervienen los Municipios afectados.
b) Intervendrán en todo caso.
c) Sólo intervienen las Diputaciones Provinciales u órganos interinsulares.
d) Sólo intervienen los Municipios y los Diputados y Senadores.

18. El principio de solidaridad consagrado por el artículo 138 de la Constitución exige una atención especial a:

a) Las Comunidades Autónomas de economía más deprimida.
b) Las Entidades locales de ámbito territorial inferior al municipal.
c) Todas las partes del territorio nacional.
d) Las Islas.

19. La federación de Comunidades Autónomas, según la Constitución:

a) Sólo se permite respecto de las limítrofes.
b) Requiere Ley Orgánica de las Cortes Generales.
c) Ha de efectuarse previa reforma de la propia Constitución.
d) Está absolutamente prohibida.

20. La creación de agrupaciones de Municipios distintos de las Provincias:

a) Está prevista constitucionalmente.
b) Se permite sólo a efectos de prestar un servicio público.
c) Sólo es posible tratándose de territorios insulares.
d) Está prohibida por la Constitución.

En MADTEST tienes **más preguntas de este tema**, y todos tus avances quedan registrados y se reflejan en el ranking.

¡Supera tus límites con MADTEST!

Solución al test n.º 2

1. c) Autonomía.

2. c) Pueblo mismo.

3. d) Interinsulares.

4. a) Provincias con entidad regional histórica.

5. d) Denominación, organización y sede de sus instituciones administrativas.

6. d) Miembros de la Diputación u órgano interinsular y por los Diputados y Senadores elegidos por ellas.

7. b) Comunidades Autónomas que siguen la vía especial.

8. d) Asamblea Legislativa de la Comunidad Autónoma.

9. b) Con criterios de representación proporcional.

10. c) La creación del Consejo de Política Fiscal y Financiera de las Comunidades Autónomas.

11. b) Competencias que, en función de la Constitución, asume cada Comunidad Autónoma.

12. a) Siempre.

13. c) En las Comunidades Autónomas de vía común.

14. b) Congreso de los Diputados y Senado por Ley Orgánica.

15. b) Presidente de la Comunidad Autónoma.

16. b) Progresiva.

17. a) No intervienen los Municipios afectados.

18. d) Las Islas.

19. d) Está absolutamente prohibida.

20. a) Está prevista constitucionalmente.

TEST N.º 3

Personal al servicio de las Administraciones Públicas. Clases. Derechos y deberes. Régimen disciplinario. Principio de igualdad en el empleo público

1. El Estatuto Básico del Empleado Público (EBEP) contiene:

a) Aquello que es común al conjunto de los empleados públicos de todas las Administraciones Públicas.

b) Las normas legales específicas aplicables a los empleados públicos de todas las Administraciones Públicas.

c) Aquello que es común al conjunto de los funcionarios de todas las Administraciones Públicas, más las normas legales específicas aplicables al personal laboral a su servicio.

d) Aquello que es común al conjunto del personal laboral de todas las Administraciones Públicas, más las normas legales específicas aplicables al personal funcionario a su servicio.

2. El Texto Refundido del Estatuto Básico del Empleado Público se aplicará directamente, sin necesidad de que lo disponga su legislación específica, al siguiente personal:

a) Personal funcionario de las Cortes Generales.

b) Personal del Centro Nacional de Inteligencia.

c) Personal de las Universidades Públicas.

d) Personal funcionario de las Asambleas Legislativas de las Comunidades Autónomas.

3. El artículo 8 del Texto Refundido de la Ley del Estatuto Básico del Empleado Público, aprobado por el Real Decreto Legislativo 5/2015, de 30 de octubre, define como aquellos quienes desempeñan funciones retribuidas en las Administraciones Públicas al servicio de los intereses generales:

a) A los Funcionarios públicos.

b) A los Empleados públicos.

c) Al Personal laboral de las Administraciones Públicas.

d) Al personal estatutario.

4. Basándonos en el artículo 8 del Texto Refundido de la Ley del Estatuto Básico del Empleado Público, no es una clase de empleado público:

a) Funcionario de carrera.
b) Personal laboral.
c) Funcionario interino.
d) Funcionario eventual.

5. Corresponden en exclusiva a los funcionarios públicos, en los términos que en la ley de desarrollo de cada Administración Pública se establezca, el ejercicio de las funciones que impliquen la participación directa o indirecta:

a) En el archivo y documentación de información administrativa.
b) En tareas administrativas.
c) En el ejercicio de las potestades públicas.
d) En las tareas directivas.

6. Es una característica de la figura del funcionario de carrera:

a) Presta sus servicios en virtud de un contrato de trabajo formalizado por escrito.
b) Realiza en exclusiva funciones expresamente calificadas como de confianza o asesoramiento especial.
c) Relación regulada por el Derecho Laboral.
d) Desempeño de servicios profesionales retribuidos de carácter permanente.

7. Pueden nombrarse funcionarios interinos para la ejecución de programas de carácter temporal, que no podrán tener una duración:

a) Inferior a 12 meses ni superior a 3 años.
b) Inferior a 3 años.
c) Superior a 3 años, ampliables hasta 12 meses más por las leyes de Función Pública que se dicten en desarrollo del EBEP.
d) Superior a 12 meses, prorrogables hasta 3 meses más.

8. Los funcionarios interinos serán nombrados por razones expresamente justificadas de necesidad y:

a) Economía.
b) Eficacia.
c) Urgencia.
d) Calidad.

9. En relación al personal eventual es cierto que:

a) Realiza funciones con carácter permanente.
b) El número máximo de este tipo de personal se ha de establecer por ley.

c) La condición de personal eventual constituye mérito para el acceso a la Función Pública y para la promoción interna.

d) El número de personal eventual y sus condiciones retributivas serán públicas.

10. En relación al personal directivo, el EBEP establece que:

a) Su designación atenderá a principios de mérito y capacidad.

b) Su designación atenderá a criterios de eficacia y eficiencia.

c) La determinación de sus condiciones de empleo serán objeto de negociación colectiva.

d) Cuando el personal directivo reúna la condición de funcionario estará sometido a la relación laboral de carácter especial de alta dirección.

11. La designación del personal directivo de las Administraciones Públicas se llevará a cabo mediante procedimientos que garanticen:

a) La publicidad y concurrencia.

b) La idoneidad.

c) El mérito y la capacidad.

d) El control de resultados.

12. A tenor del artículo 14 del EBEP los empleados públicos tienen derecho:

a) A la inamovilidad en la condición de funcionario de carrera.

b) A la formación continua y a la actualización permanente de sus conocimientos y capacidades profesionales, preferentemente fuera del horario laboral.

c) A la libertad de expresión, sin restricción alguna.

d) A participar en la consecución de los objetivos atribuidos a la unidad donde preste sus servicios y a ser consultado por sus superiores por las tareas a desarrollar.

13. Los empleados públicos tienen derecho a la libertad de expresión:

a) En los términos que establezca una ley.

b) En los términos que se establezcan reglamentariamente.

c) A través de sus representantes sindicales.

d) Dentro de los límites del ordenamiento jurídico.

14. El conjunto ordenado de oportunidades de ascenso y expectativas de progreso profesional conforme a los principios de igualdad, mérito y capacidad, se denomina:

a) Evaluación del desempeño.

b) Promoción profesional.

c) Promoción interna.

d) Carrera profesional.

15. Para tener derecho a la promoción interna, los funcionarios deberán tener una antigüedad de servicio activo en el inferior subgrupo o grupo de clasificación profesional, de al menos:

a) Dos años.
b) Tres años.
c) Cuatro años.
d) Cinco años.

16. El procedimiento mediante el cual se mide y valora la conducta profesional y el rendimiento o el logro de resultados de los empleados públicos, se denomina:

a) Carrera horizontal.
b) Evaluación del desempeño.
c) Concurso de méritos.
d) Mapa de competencias.

17. En relación al sistema retributivo de los empleados públicos, es cierto, según el EBEP, que:

a) Podrán acordarse incrementos retributivos que globalmente supongan un incremento de la masa salarial superior a los límites fijados anualmente en la Ley de Presupuestos Generales del Estado para el personal.

b) Podrá percibirse participación en tributos o en cualquier otro ingreso de las Administraciones Públicas como contraprestación de cualquier servicio, participación o premio en multas impuestas, excepto cuando estuviesen normativamente atribuidas a los servicios.

c) Las cuantías de las retribuciones básicas y el incremento de las cuantías globales de las retribuciones complementarias de los funcionarios, así como el incremento de la masa salarial del personal laboral, deberán reflejarse para cada ejercicio presupuestario en la correspondiente ley de presupuestos.

d) Las Administraciones Públicas podrán destinar cantidades por encima del porcentaje de la masa salarial que se fije en las correspondientes Leyes de Presupuestos Generales del Estado a financiar aportaciones a planes de pensiones de empleo o contratos de seguro colectivos que incluyan la cobertura de la contingencia de jubilación, para el personal incluido en sus ámbitos, de acuerdo con lo establecido en la normativa reguladora de los Planes de Pensiones.

18. Las retribuciones de los funcionarios en prácticas:

a) Se corresponderán a las del sueldo del Subgrupo o Grupo, en el supuesto de que este no tenga Subgrupo, en que aspiren a ingresar.

b) No podrán superar las del sueldo del Subgrupo o Grupo, en el supuesto de que este no tenga Subgrupo, en que aspiren a ingresar.

c) Se determinarán de acuerdo con la legislación laboral, el convenio colectivo que sea aplicable y el contrato de trabajo.

d) Como mínimo, se corresponderán a las del sueldo del Subgrupo o Grupo, en el supuesto de que este no tenga Subgrupo, en que aspiren a ingresar.

19. Quedan excluidas de la obligatoriedad de la negociación colectiva:

a) Las normas que fijen los criterios y mecanismos generales en materia de evaluación del desempeño.

b) Los criterios generales para la determinación de prestaciones sociales y pensiones de clases pasivas.

c) Los criterios generales sobre ofertas de empleo público.

d) La determinación de condiciones de trabajo del personal directivo.

20. Las Juntas de Personal se constituirán en unidades electorales que cuenten con un censo mínimo de:

a) 15 funcionarios.
b) 25 funcionarios.
c) 30 funcionarios.
d) 50 funcionarios.

En MADTEST tienes **más preguntas de este tema**, y todos tus avances quedan registrados y se reflejan en el ranking.

¡Supera tus límites con MADTEST!

Solución al test n.º 3

1. c) Aquello que es común al conjunto de los funcionarios de todas las Administraciones Públicas, más las normas legales específicas aplicables al personal laboral a su servicio.

2. c) Personal de las Universidades Públicas.

3. b) A los Empleados públicos.

4. d) Funcionario eventual.

5. c) En el ejercicio de las potestades públicas.

6. d) Desempeño de servicios profesionales retribuidos de carácter permanente.

7. c) Superior a 3 años, ampliables hasta 12 meses más por las leyes de Función Pública que se dicten en desarrollo del EBEP.

8. c) Urgencia.

9. d) El número de personal eventual y sus condiciones retributivas serán públicas.

10. a) Su designación atenderá a principios de mérito y capacidad.

11. a) La publicidad y concurrencia.

12. a) A la inamovilidad en la condición de funcionario de carrera.

13. d) Dentro de los límites del ordenamiento jurídico.

14. d) Carrera profesional.

15. a) Dos años.

16. b) Evaluación del desempeño.

17. c) Las cuantías de las retribuciones básicas y el incremento de las cuantías globales de las retribuciones complementarias de los funcionarios, así como el incremento de la masa salarial del personal laboral, deberán reflejarse para cada ejercicio presupuestario en la correspondiente ley de presupuestos.

18. d) Como mínimo, se corresponderán a las del sueldo del Subgrupo o Grupo, en el supuesto de que este no tenga Subgrupo, en que aspiren a ingresar.

19. d) La determinación de condiciones de trabajo del personal directivo.

20. d) 50 funcionarios.

TEST N.º 4

El Protocolo de Prevención de la Violencia Ocupacional en la Diputación de Burgos. El Protocolo de Prevención de Acoso en la Diputación de Burgos

1. Según el INSST, ¿qué se entiende por violencia laboral?

a) Solo las agresiones físicas sufridas en el trabajo.
b) Cualquier abuso, amenaza o ataque en el entorno laboral que afecte a la seguridad, bienestar o salud.
c) Los conflictos verbales que surgen entre compañeros en un centro de trabajo.
d) Únicamente los ataques externos con ánimo de robo.

2. ¿Cuándo aprobó el Pleno de la Diputación Provincial de Burgos el Protocolo de Prevención de la Violencia Ocupacional?

a) 2 de junio de 2017.
b) 15 de marzo de 2016.
c) 10 de octubre de 2018.
d) 20 de abril de 2019.

3. ¿Cuál de los siguientes no es un principio básico del Protocolo?

a) Presunción de inocencia.
b) Discreción y confidencialidad.
c) Seguridad y salud.
d) Preservar el buen nombre de la entidad.

4. ¿Qué tipo de violencia corresponde al Tipo II según la clasificación del INSST?

a) Violencia entre compañeros de trabajo.
b) Violencia ejercida por alguien con relación profesional con la víctima durante la prestación del servicio.
c) Violencia con ánimo de robo cometida por personas sin relación laboral.
d) Acoso sexual dentro del centro de trabajo.

5. ¿Cómo se consideran los hechos violentos que producen lesiones físicas o psíquicas que impiden al trabajador desarrollar su labor habitual?

a) Incidentes.
b) Accidentes con baja.
c) Accidentes sin baja.
d) Amenazas laborales.

6. ¿Qué órgano es el encargado de recopilar datos, evaluar y proponer medidas frente a la violencia ocupacional en la Diputación de Burgos?

a) La comisión de instrucción contra la violencia ocupacional.
b) El comité de seguridad y salud.
c) El Ministerio Fiscal.
d) El servicio de prevención de la Diputación.

7. ¿Qué debe contener obligatoriamente una denuncia por violencia ocupacional?

a) Nombre del denunciante, identificación de la víctima, hechos, testigos y pruebas.
b) Basta con la descripción de los hechos.
c) Una carta firmada por el agresor.
d) Los antecedentes médicos de la víctima.

8. Según las instrucciones para el empleado, ¿qué debe hacer en caso de situación de violencia incontrolada o agresión?

a) Permanecer en el lugar para intentar calmar a la persona violenta.
b) Esperar a que intervenga la comisión de instrucción.
c) Guardar silencio hasta que se archive la denuncia.
d) Procurarse una vía de escape y pedir ayuda externa (112 o Fuerzas de Seguridad).

9. ¿Cuál es la definición de agresión física en el Protocolo de Prevención de la violencia ocupacional de la Diputación de Burgos?

a) Acción de violencia física sufrida en el desempeño del trabajo, conlleve o no lesión.
b) Toda discusión entre compañeros de trabajo.
c) El uso de palabras hirientes o gestos intimidatorios.
d) Únicamente las lesiones que derivan en hospitalización.

10. El Tipo I de violencia ocupacional se caracteriza porque...

a) La agresión ocurre entre personas con relación laboral.
b) El agresor no tiene relación laboral ni profesional con la víctima.
c) Es un caso exclusivo de acoso sexual.
d) Se limita a amenazas por correo electrónico.

11. El Tipo III de violencia laboral corresponde a:

a) La ejercida por usuarios o clientes del servicio.
b) Aquella que implica daños únicamente en el patrimonio.
c) La cometida por personas externas con ánimo de robo.
d) La ejercida por alguien con implicación laboral con el centro o sus trabajadores.

12. ¿Cómo se denominan las agresiones menores que no producen lesión física ni repercusión psicológica?

a) Accidentes sin baja.
b) Incidentes.
c) Accidentes con baja.
d) Agresiones leves tipificadas penalmente.

13. ¿Cuál es el primer paso del procedimiento sistemático frente a las agresiones?

a) Elaborar un informe anual de agresiones.
b) Formar la comisión de instrucción.
c) Proceder a un diagnóstico de las posibles conductas antisociales.
d) Dictar medidas disciplinarias inmediatas.

14. ¿Qué aspecto no se considera en la identificación de condiciones de trabajo que favorecen la violencia?

a) Igualdad y trato justo.
b) Apoyo social y técnico.
c) Estabilidad laboral.
d) Nivel salarial de la plantilla.

15. ¿Quién puede presentar una denuncia por violencia ocupacional?

a) Solo la víctima.
b) Cualquier empleado público conocedor de la situación.
c) Únicamente los superiores jerárquicos.
d) Exclusivamente la comisión de instrucción.

16. ¿Cuál de las siguientes características debe cumplir una denuncia?

a) Ser anónima para proteger al denunciante.
b) Adjuntar obligatoriamente un certificado médico.
c) Hacerse siempre por escrito, sin posibilidad de verbal.
d) Tramitarse únicamente a través del Ministerio Fiscal.

17. ¿Cuántos miembros componen la comisión de instrucción contra la violencia ocupacional?

a) Tres representantes de la administración y tres sindicales.
b) Un representante sindical y tres de la administración.
c) Dos representantes sindicales y dos de la administración.
d) Cuatro miembros elegidos por el presidente de la Diputación.

18. ¿Con qué frecuencia mínima se reúne la comisión de instrucción?

a) Cada mes.
b) Cada seis meses.
c) Cada dos años.
d) Solo cuando exista una denuncia.

19. ¿Qué derecho tienen los trabajadores considerados víctimas de violencia externa?

a) Ser asistidos por los servicios jurídicos de la Entidad previa petición.
b) Obtener automáticamente la baja laboral.
c) Cambiar de puesto de trabajo sin informe médico.
d) Recibir un plus salarial compensatorio.

20. ¿Qué acción corresponde al responsable del servicio/centro en caso de agresión?

a) Elaborar un informe detallado de los hechos y testigos.
b) Guardar silencio para no interferir en la investigación.
c) Trasladar inmediatamente al agresor a otro centro.
d) Resolver la denuncia sin informar a la comisión.

En MADTEST tienes **más preguntas de este tema**, y todos tus avances quedan registrados y se reflejan en el ranking.

¡Supera tus límites con MADTEST!

Solución al test n.º 4

1. b) Cualquier abuso, amenaza o ataque en el entorno laboral que afecte a la seguridad, bienestar o salud.

2. a) 2 de junio de 2017.

3. d) Preservar el buen nombre de la entidad.

4. b) Violencia ejercida por alguien con relación profesional con la víctima durante la prestación del servicio.

5. b) Accidentes con baja.

6. a) La comisión de instrucción contra la violencia ocupacional.

7. a) Nombre del denunciante, identificación de la víctima, hechos, testigos y pruebas.

8. d) Procurarse una vía de escape y pedir ayuda externa (112 o Fuerzas de Seguridad).

9. a) Acción de violencia física sufrida en el desempeño del trabajo, conlleve o no lesión.

10. b) El agresor no tiene relación laboral ni profesional con la víctima.

11. d) La ejercida por alguien con implicación laboral con el centro o sus trabajadores.

12. b) Incidentes.

13. c) Proceder a un diagnóstico de las posibles conductas antisociales.

14. d) Nivel salarial de la plantilla.

15. b) Cualquier empleado público conocedor de la situación.

16. c) Hacerse siempre por escrito, sin posibilidad de verbal.

17. c) Dos representantes sindicales y dos de la administración.

18. b) Cada seis meses.

19. a) Ser asistidos por los servicios jurídicos de la Entidad previa petición.

20. a) Elaborar un informe detallado de los hechos y testigos.

MATERIAS ESPECÍFICAS

GRUPO II

TEST N.º 5

Ley General de Sanidad. Fundamentos y características del Sistema Sanitario. Derechos y deberes de los usuarios. La Ley de Servicios Sociales de Castilla y León

1. ¿Qué norma regula los aspectos básicos de las profesiones sanitarias tituladas en lo que se refiere a su ejercicio por cuenta propia o ajena, a la estructura general de la formación de los profesionales, al desarrollo profesional de éstos y a su participación en la planificación y ordenación de las profesiones sanitarias?

a) La Ley 41/2002, de 14 de noviembre.
b) La Ley 16/2003, de 28 de mayo.
c) La Ley 44/2003, de 21 de noviembre.
d) La Ley 15/1997, de 25 de abril.

2. ¿De cuántos artículos consta la Ley 14/1986 de 25 de abril, General de Sanidad?

a) 109.
b) 111.
c) 113.
d) 116.

3. La Ley 14/1986 de 25 de abril, General de Sanidad, se estructura en:

a) Un Título Preliminar, siete Títulos, diez Disposiciones Adicionales, seis Disposiciones Transitorias, dos Disposiciones Derogatorias y dieciséis Disposiciones Finales.
b) Un Título Preliminar, seis Títulos, diez Disposiciones Adicionales, siete Disposiciones Transitorias, dos Disposiciones Derogatorias y dieciséis Disposiciones Finales.
c) Un Título Preliminar, siete Títulos, diez Disposiciones Adicionales, siete Disposiciones Transitorias, tres Disposiciones Derogatorias y dieciséis Disposiciones Finales.
d) Un Título Preliminar, siete Títulos, diez Disposiciones Adicionales, seis Disposiciones Transitorias, tres Disposiciones Derogatorias y dieciséis Disposiciones Finales.

4. La Ley 14/1986, de 25 de abril, General de Sanidad, tiene como objeto la regulación general de todas las acciones que permitan hacer efectivo el derecho a la protección de la salud reconocido en el artículo:

a) 15 de la Constitución Española.
b) 19 de la Constitución Española.
c) 33 de la Constitución Española.
d) 43 de la Constitución Española.

5. El principio fundamental, inspirador y básico en la formulación de la Ley General de Sanidad se concreta en:

a) La cohesión y calidad del Sistema Nacional de Salud.
b) La igualdad de todos los españoles en el acceso a la asistencia sanitaria.
c) Regular la intervención pública en los problemas de salud de la colectividad.
d) El derecho de todos los ciudadanos a la protección de la salud.

6. La competencia para la regulación del Sistema de Salud en España la ostenta:

a) Las Comunidades Autónomas.
b) El Estado exclusivamente.
c) Las Comunidades Autónomas, siendo la normativa estatal de aplicación subsidiaria.
d) El Estado en cuanto a la normativa básica, y las Comunidades Autónomas que así la tengan atribuida en sus Estatutos, en lo relativo a su desarrollo.

7. ¿Cuál de los siguientes principios no es reconocido como uno de los rectores de la organización y funcionamiento de los servicios sanitarios por la Ley General de Sanidad?

a) Eficacia.
b) Celeridad.
c) Economía.
d) Accesibilidad.

8. La Ley 14/1986, de 25 de abril, General de Sanidad, establece que las piezas básicas de los Servicios de Salud de las Comunidades Autónomas son:

a) Las Áreas de Salud.
b) Los Distritos Sanitarios.
c) Las Comarcas Sanitarias.
d) Las Zonas de Salud.

9. ¿Qué papel otorga a las Corporaciones Locales la Ley General de Sanidad en cuanto a la organización de los Servicios Sanitarios?

a) Ninguno.
b) De financiación exclusiva de los centros sanitarios de proximidad.

c) De participación en el control y en la gestión de las Áreas de Salud.

d) De gestión del personal no sanitario de los centros de salud.

10. Conforme a la Ley General de Sanidad, la normativa básica aplicable en materia de personal se articulará a través de:

a) Lo que dispongan las Comunidades Autónomas con competencia en Sanidad.

b) Un Estatuto Marco.

c) La normativa autonómica aplicable al personal funcionario de las Administraciones Públicas.

d) Una norma dictada en el Consejo Interterritorial de Sanidad.

11. Valorar la idoneidad sanitaria de los medicamentos y demás productos y artículos sanitarios tanto para autorizar su circulación y uso como para controlar su calidad en España corresponde:

a) A la Administración General del Estado.

b) A las Comunidades Autónomas en exclusiva.

c) De forma compartida entre el Estado y las Comunidades Autónomas.

d) A las Comunidades Autónomas que le hayan sido transferidas, y al Estado en las restantes.

12. La facultad de elección de médicos en la atención primaria del Área de Salud se podrá ejercer en el conjunto de la ciudad cuando su núcleo de población supere:

a) 500.000 habitantes.

b) 250.000 habitantes.

c) 100.000 habitantes.

d) 50.000 habitantes.

13. Según la Ley General de Sanidad

a) Los usuarios sin derecho a la asistencia de los Servicios de Salud podrán acceder a los mismos abonando ellos su importe.

b) La facultad de elección de médicos sólo se reconoce en los servicios especializados.

c) Un dispositivo asistencial de salud mental destinado a atender las necesidades de hospitalización en salud mental de la población correspondiente a su área hospitalaria de referencia o área de gestión sanitaria.

d) La Administración Pública garantiza la atención sanitaria a los ciudadanos hasta el límite de las posibilidades de diagnóstico y tratamiento de los servicios especializados de la Comunidad Autónoma donde residan.

14. La realización de actividades en materia de vigilancia y control de los posibles riesgos para la salud derivados de la importación, exportación o tránsito de mercancías y del tráfico internacional de viajeros es competencia:

a) Exclusiva de las Comunidades Autónomas.

b) Compartida entre el Estado y las Comunidades Autónomas.

c) Exclusiva del Estado.

d) Compartida entre el Estado, las Comunidades Autónomas y las Corporaciones Locales.

15. La Agencia Española de Medicamentos y Productos Sanitarios:

a) Se encuentra adscrita al Ministerio de Sanidad a través de la Secretaría de Estado de Sanidad.

b) Está participada por las Comunidades Autónomas sin intervención del Estado.

c) Es la competente para resolver sobre la financiación pública y el precio de los medicamentos y productos sanitarios previamente autorizados.

d) Dirige el Registro General Sanitario de alimentos.

16. No es materia reservada por la Ley General de Sanidad a la competencia exclusiva del Estado:

a) Los convenios internacionales.

b) La sanidad exterior.

c) La normativa básica sobre sanidad.

d) La organización, funcionamiento interno, coordinación y control de los centros, servicios y establecimientos sanitarios.

17. El control sanitario del medio ambiente respecto de la contaminación atmosférica, abastecimiento de aguas, saneamiento de aguas residuales, residuos urbanos e industriales es competencia:

a) De las Corporaciones Locales.

b) De las Comunidades Autónomas.

c) Del Estado.

d) Compartida entre el Estado y las Comunidades Autónomas.

18. El personal sanitario de los Servicios de Salud de las Comunidades Autónomas que preste apoyo a los Ayuntamientos en sus responsabilidades mínimas, se considerará al servicio de:

a) La Comunidad Autónoma.

b) La Administración General del Estado.

c) La Corporación Local.

d) La Administración del Estado o de la Comunidad Autónoma de la que provenga.

19. Los derechos reconocidos y garantizados a los ciudadanos con respecto de las Administraciones Públicas sanitarias, por el artículo 10 de la Ley General de Sanidad:

a) Constituyen, exclusivamente, un desarrollo del artículo 43 CE.

b) Son un elenco cerrado, limitados a los que expresamente se citan en dicho artículo.

c) Su número es equilibrado con el número de deberes que el artículo 11 impone a los mismos sujetos.

d) No son los únicos, habida cuenta que existen otros derechos reconocidos en distintos preceptos de la misma norma legal y en otras disposiciones normativas.

20. El derecho de los ciudadanos a no ser discriminados por razón de su discapacidad en sus relaciones con la Administración Pública sanitaria:

a) No está expresamente recogido en el art. 10 de la LGS.

b) Es plasmación del derecho a la participación en las actividades sanitarias.

c) No es exigible en el ámbito privado.

d) Dimana del derecho al respeto a su personalidad, dignidad humana e intimidad.

En MADTEST tienes **más preguntas de este tema**, y todos tus avances quedan registrados y se reflejan en el ranking.

¡Supera tus límites con MADTEST!

Solución al test n.º 5

1. c) La Ley 44/2003, de 21 de noviembre.

2. d) 116.

3. a) Un Título Preliminar, siete Títulos, diez Disposiciones Adicionales, seis Disposiciones Transitorias, dos Disposiciones Derogatorias y dieciséis Disposiciones Finales.

4. d) 43 de la Constitución Española.

5. d) El derecho de todos los ciudadanos a la protección de la salud.

6. d) El Estado en cuanto a la normativa básica, y las Comunidades Autónomas que así la tengan atribuida en sus Estatutos, en lo relativo a su desarrollo.

7. d) Accesibilidad.

8. a) Las Áreas de Salud.

9. c) De participación en el control y en la gestión de las Áreas de Salud.

10. b) Un Estatuto Marco.

11. a) A la Administración General del Estado.

12. b) 250.000 habitantes.

13. a) Los usuarios sin derecho a la asistencia de los Servicios de Salud podrán acceder a los mismos abonando ellos su importe.

14. c) Exclusiva del Estado.

15. a) Se encuentra adscrita al Ministerio de Sanidad a través de la Secretaría de Estado de Sanidad.

16. d) La organización, funcionamiento interno, coordinación y control de los centros, servicios y establecimientos sanitarios.

17. a) De las Corporaciones Locales.

18. c) La Corporación Local.

19. d) No son los únicos, habida cuenta que existen otros derechos reconocidos en distintos preceptos de la misma norma legal y en otras disposiciones normativas.

20. d) Dimana del derecho al respeto a su personalidad, dignidad humana e intimidad.

TEST N.º 6

Ley 41/2002, de 14 de noviembre, básica reguladora de la autonomía del paciente y de derechos y obligaciones en materia de información y documentación clínica. Protección de datos. Datos relativos a la salud. Deber de secreto

1. La Ley de Autonomía del Paciente establece la obligatoriedad de obtener el consentimiento informado del paciente:

a) Sólo en los casos de intervención quirúrgica.

b) Sólo en los casos de aplicación de procedimientos que supongan grandes riesgos o inconvenientes de notoria repercusión negativa sobre su salud.

c) Para toda actuación en el ámbito de su salud.

d) La Ley no establece esta obligación.

2. Tal y como establece la Ley 41/2002, de Autonomía del Paciente, en caso de que el paciente no acepte el tratamiento se le propondrá que firme el alta voluntaria y si no la firma la Dirección del Centro:

a) Puede disponer el alta forzosa.

b) Firmará en su nombre el alta involuntaria.

c) Mantendrá el ingreso por periodo mínimo de cinco días naturales.

d) No está reconocida la negativa al tratamiento de los pacientes.

3. El derecho del paciente a no ser informado:

a) No está reconocido por la ley.

b) Podrá restringirse en cualquier momento.

c) Podrá restringirse cuando sea estrictamente necesario en beneficio del paciente.

d) Sólo podrá ejercitarse si el paciente designa a un familiar o a otra persona a la que se le facilite la información.

4. El reconocimiento legal de que se respeten los deseos expresados anteriormente en el documento de *instrucciones previas* es una manifestación del derecho:

a) A la información sanitaria.
b) A la segunda opinión.
c) A la autonomía del paciente.
d) A la información post-mortem.

5. Indique la proposición incorrecta en relación con los requisitos del consentimiento:

a) Debe ser libre.
b) Debe ser voluntario.
c) La decisión de consentir debe anteceder a una información adecuada.
d) La persona que lo presta debe tener capacidad para conocer, comprender y querer el alcance de su decisión.

6. La Ley 41/2002, de Autonomía del paciente, establece que, como regla general, el consentimiento se manifestará en forma:

a) Verbal.
b) Escrita.
c) Documental.
d) Ante testigos.

7. Según establece la Ley 41/2002, de Autonomía del Paciente, el paciente o usuario tiene derecho a decidir libremente entre las opciones clínicas disponibles después de recibir:

a) Información completa.
b) Información adecuada.
c) Información documental.
d) Información escrita.

8. La renuncia del paciente a recibir información:

a) No se reconoce por la ley.
b) Está limitada por el interés de la salud del propio paciente.
c) No está limitada por el interés de la salud de terceros.
d) Ninguna de las anteriores es correcta.

9. Según establece la Ley 41/2002, de Autonomía del paciente, ha de constar siempre por escrito:

a) La información al paciente.
b) El consentimiento informado.

c) La aceptación del tratamiento.

d) La negativa al tratamiento.

10. En la legislación sanitaria española, el consentimiento escrito del paciente:

a) Es una exigencia legal.

b) Es conveniente.

c) Es obligatorio en determinados supuestos.

d) No es necesario.

11. Según establece la Ley de Autonomía del Paciente, el consentimiento se prestará por escrito en el caso de:

a) Realización de una actuación sanitaria en el paciente.

b) Aplicación en el paciente de un procedimiento no invasor.

c) Intervención quirúrgica.

d) Aplicación de procedimientos de imprevisible repercusión negativa sobre la salud del paciente.

12. Para que un paciente o usuario otorgue válidamente su consentimiento a un tratamiento, el facultativo le ha de transmitir previamente:

a) Información escrita.

b) Información total y comprensible.

c) Información adecuada, comprensible y razonable.

d) Confianza.

13. La firma de un paciente analfabeto plasmada en el «documento formulario de consentimiento informado» con carácter previo a su intervención quirúrgica:

a) Significa que el paciente ha sido informado adecuadamente.

b) No tiene ninguna validez.

c) No tiene valor en sí misma, lo que no significa que no se pueda acreditar que ha existido información y ha consentido libremente.

d) Tendrá validez si incorpora una diligencia del facultativo indicando la condición del paciente.

14. En relación con el Documento de Consentimiento Informado:

a) Existe un formato unificado en el Sistema Nacional de Salud.

b) Cada Área Sanitaria fijará el suyo.

c) Las Administraciones Sanitarias, Servicios Sanitarios, Sociedades Científicas, Centros Hospitalarios, etc., fijan el que consideran más adecuado en el ámbito de sus competencias.

d) Es cierta la c), siempre que contenga tres partes: Preámbulo, Cuerpo y Aceptación.

15. Al respecto de la parte del Documento de Consentimiento Informado denominado *Aceptación*, señale la respuesta falsa:

a) Recoge la manifestación de conformidad del usuario de acogerse a la intervención o el procedimiento, debiendo suscribirla inexcusablemente con su firma.

b) Firmarán siempre el facultativo y los testigos o representantes que, en su caso, procedan.

c) En ella el usuario manifiesta que ha sido informado por el facultativo y que ha entendido lo que éste le ha dicho.

d) En ella el usuario manifiesta que ha sido informado por el facultativo y que consiente en acogerse a la actuación médica propuesta.

16. Según determina la Ley 41/2002, el paciente tiene derecho a recibir un informe de alta:

a) Sólo si ha existido ingreso hospitalario.

b) A la finalización del proceso asistencial.

c) En cuyo contenido mínimo habrán de figurar, entre otros, datos de información sanitaria epidemiológica.

d) Previa solicitud.

17. Existen supuestos legales en los que los facultativos pueden llevar a cabo las intervenciones clínicas indispensables en favor de la salud del paciente sin necesidad de contar con su consentimiento ni el de sus representantes o familiares. Señale uno de ellos:

a) Cuando el paciente esté incapacitado legalmente.

b) Cuando existe riesgo para la salud pública según determinen las autoridades sanitarias.

c) En caso de riesgo inmediato grave para la integridad física de otro paciente.

d) Cuando el paciente no sea capaz de tomar decisiones.

18. La toma en consideración de los deseos expresados anteriormente con respecto a una actuación médica en su persona por un paciente que en el momento de la intervención no se encuentra en situación de expresar su voluntad se conoce como:

a) Consentimiento.

b) Testamento vital.

c) Eutanasia activa.

d) Eutanasia pasiva.

19. La Ley de Autonomía del Paciente reconoce el derecho a que se respeten los deseos expresados anteriormente en el:

a) Testamento vital.

b) Documento de voluntades anticipadas.

c) Documento de instrucciones previas.
d) Documento de instrucciones preliminares.

20. La información del consentimiento informado no precisa incluir:

a) Riesgos frecuentes.
b) Beneficios que se esperan alcanzar.
c) Consecuencias previsibles de la realización del procedimiento.
d) Bibliografía del procedimiento.

En MADTEST tienes **más preguntas de este tema**, y todos tus avances quedan registrados y se reflejan en el ranking.

¡Supera tus límites con MADTEST!

Solución al test n.º 6

1. c) Para toda actuación en el ámbito de su salud.

2. a) Puede disponer el alta forzosa.

3. c) Podrá restringirse cuando sea estrictamente necesario en beneficio del paciente.

4. c) A la autonomía del paciente.

5. c) La decisión de consentir debe anteceder a una información adecuada.

6. a) Verbal.

7. b) Información adecuada.

8. b) Está limitada por el interés de la salud del propio paciente.

9. d) La negativa al tratamiento.

10. c) Es obligatorio en determinados supuestos.

11. c) Intervención quirúrgica.

12. c) Información adecuada, comprensible y razonable.

13. c) No tiene valor en sí misma, lo que no significa que no se pueda acreditar que ha existido información y ha consentido libremente.

14. d) Es cierta la c), siempre que contenga tres partes: Preámbulo, Cuerpo y Aceptación.

15. a) Recoge la manifestación de conformidad del usuario de acogerse a la intervención o el procedimiento, debiendo suscribirla inexcusablemente con su firma.

16. b) A la finalización del proceso asistencial.

17. b) Cuando existe riesgo para la salud pública según determinen las autoridades sanitarias.

18. b) Testamento vital.

19. c) Documento de instrucciones previas.

20. d) Bibliografía del procedimiento.

TEST N.º 7

Reglamento de los Centros Residenciales de la Diputación de Burgos

1. La incoación y resolución de los procedimientos disciplinarios de faltas graves y muy graves, será competencia de:

a) La Presidencia de la Diputación Provincial.
b) El Pleno de la Corporación Provincial.
c) El Diputado-Delegado para el Área Bienestar Social, Sanidad y Mayores.
d) El Coordinador de los Centros Residenciales.

2. ¿De cuántos artículos se compone el Reglamento de los Centros Residenciales de la Diputación de Burgos?

a) 67.
b) 71.
c) 73.
d) 77.

3. Señala cuál de los siguientes es un órgano consultivo o de gestión de los Centros Residenciales de la Diputación de Burgos:

a) El Director del Centro.
b) El Coordinador de los Centros Residenciales.
c) La Comisión de Régimen Interior del Centro.
d) El Consejo General Asesor.

4. Señala cuál de los siguientes es un órgano informativo de los Centros Residenciales de la Diputación de Burgos:

a) La Comisión Informativa de Bienestar Social, Sanidad y Mayores.
b) El Pleno de la Corporación Provincial.
c) El Coordinador de los Centros Residenciales.
d) La Junta de Gobierno.

5. ¿A quién corresponde la aprobación de los planes y directrices generales para la consecución de los fines socio-residenciales que asumen los Centros Residenciales de personas Mayores al objeto de obtener una mayor eficacia en la consecución de los mismos?

a) Al Presidente de la Diputación Provincial.
b) Al Pleno de la Diputación.
c) A la Comisión Informativa de Bienestar Social, Sanidad y Mayores.
d) Al Diputado-Delegado para el Área Bienestar Social, Sanidad y Mayores.

6. ¿Con qué periodicidad, señala el Reglamento de los Centros Residenciales de la Diputación de Burgos, ha de informar el Director de cada Centro Residencial de Personas Mayores al Coordinador de los Centros de los asuntos más relevantes de su gestión?

a) Diariamente.
b) Semanalmente.
c) Mensualmente.
d) Trimestralmente.

7. ¿Quién actúa como Secretario de la Comisión de Régimen Interior de cada uno de los Centros Residenciales de la Diputación de Burgos?

a) El Director respectivo de cada Centro.
b) El Médico del Centro o Enfermero.
c) El Director del Área de Bienestar Social, Sanidad y Mayores.
d) El Trabajador Social.

8. Señala cuál de las siguientes NO es una de las funciones propias de la Comisión de Régimen Interior de los Centros Residenciales de la Diputación de Burgos:

a) La protección de los derechos personales del residente.
b) La adopción de medidas de convivencia.
c) Coordinar el funcionamiento de los Centros Residenciales de Personas Mayores.
d) Proveer a la admisión definitiva de los interesados una vez transcurrido el periodo de prueba.

9. ¿Cómo denomina el Reglamento de los Centros Residenciales de la Diputación de Burgos a la relación de solicitantes cuyos expedientes, una vez valorados de acuerdo con el baremo que se establezca, no alcanzan la puntuación mínima exigida para cada tipo de plaza?

a) Listado de residentes.
b) Listado de demanda.

c) Listado de reserva.
d) Listado de valoración.

10. Ausentarse del Centro sin previa comunicación, cuando la ausencia tenga una duración superior a 24 horas, constituye una falta de carácter:

a) Muy grave.
b) Grave.
c) Menos grave.
d) Leve.

11. Utilizar inadecuadamente las instalaciones y medios del Centro, constituye una falta de carácter:

a) Muy grave.
b) Grave.
c) Menos grave.
d) Leve.

12. Señala cuál de las siguientes sanciones se podrá imponer a los usuarios de los Centros Residenciales cuando incurran en una falta de carácter grave:

a) Suspensión de los derechos de usuario por un periodo de hasta quince días.
b) Pérdida de la condición de usuario e inhabilitación para ocupar cualquier otra plaza de la misma tipología.
c) Prohibición del derecho al disfrute de servicios lúdicos y de participación en actividades del Centro hasta seis meses.
d) Amonestación.

13. ¿Cuándo prescribirán las faltas y sanciones leves?

a) Al mes.
b) A los tres meses.
c) A los seis meses.
d) Al año.

14. ¿Cuándo prescribirán las faltas y sanciones graves?

a) A los seis meses.
b) Al año.
c) A los dos años.
d) A los tres años.

15. ¿Cuál es la duración máxima del procedimiento disciplinario?

a) Tres meses contados desde la iniciación del procedimiento.
b) Seis meses contados desde la iniciación del procedimiento.

c) Un año contado desde la iniciación del procedimiento.

d) Dos años contados desde la iniciación del procedimiento.

16. Señala la respuesta incorrecta:

a) Interrumpirá la prescripción la iniciación, con conocimiento del interesado, del procedimiento disciplinario, volviendo a transcurrir el plazo si aquel está paralizado durante más de un mes por causa no imputable al infractor.

b) El plazo de prescripción de las faltas comenzará a contarse desde el día en que se hubiese conocido por la Administración.

c) Las faltas y sanciones muy graves prescribirán a los 6 años.

d) El plazo de prescripción de las sanciones comenzará a contarse desde el día en que adquiera firmeza la resolución por la que se impone la sanción.

17. Cuando la Dirección del Centro tenga conocimiento de un hecho susceptible de ser considerado como falta, con arreglo a lo dispuesto en el Reglamento de los Centros Residenciales de la Diputación de Burgos, realizará una comprobación acerca de la veracidad del mismo, remitiendo, en su caso, la denuncia junto con su informe a:

a) El Diputado-Delegado para el Área Bienestar Social, Sanidad y Mayores.

b) El Coordinador de los Centros Residenciales.

c) El Presidente de la Diputación Provincial.

d) El Pleno de la Corporación Provincial.

18. El Reglamento de los Centros Residenciales de la Diputación de Burgos se estructura en:

a) Un Título Preliminar, cuatro Títulos, una Disposición Adicional, dos Disposiciones Transitorias, cinco Disposiciones Finales y una Disposición derogatoria.

b) Un Título Preliminar, cinco Títulos, una Disposición Adicional, tres Disposiciones Transitorias, cinco Disposiciones Finales y una Disposición derogatoria.

c) Un Título Preliminar, cinco Títulos, una Disposición Adicional, dos Disposiciones Transitorias, cinco Disposiciones Finales y una Disposición derogatoria.

d) Un Título Preliminar, cuatro Títulos, una Disposición Adicional, cinco Disposiciones Transitorias, tres Disposiciones Finales y una Disposición derogatoria.

19. ¿A quién corresponde la incoación y resolución de los procedimientos disciplinarios de faltas leves?

a) Al Trabajador Social de cada Centro.

b) Al Diputado Presidente de la Comisión de Bienestar Social, Sanidad y Mayores.

c) El Presidente de la Diputación Provincial.

d) El Pleno de la Corporación Provincial.

20. ¿Quién es el Jefe Superior en el orden gubernativo y económico de cada Centro?

a) El Director de la Residencia.
b) El Trabajador Social de la Residencia.
c) El Diputado-Delegado para el Área Bienestar Social, Sanidad y Mayores.
d) El Coordinador de los Centros Residenciales.

En MADTEST tienes **más preguntas de este tema**, y todos tus avances quedan registrados y se reflejan en el ranking.

¡Supera tus límites con MADTEST!

Solución al test n.º 7

1. a) La Presidencia de la Diputación Provincial.

2. b) 71.

3. c) La Comisión de Régimen Interior del Centro.

4. a) La Comisión Informativa de Bienestar Social, Sanidad y Mayores.

5. b) Al Pleno de la Diputación.

6. c) Mensualmente.

7. d) El Trabajador Social.

8. c) Coordinar el funcionamiento de los Centros Residenciales de Personas Mayores.

9. d) Listado de valoración.

10. b) Grave.

11. d) Leve.

12. c) Prohibición del derecho al disfrute de servicios lúdicos y de participación en actividades del Centro hasta seis meses.

13. a) Al mes.

14. c) A los dos años.

15. b) Seis meses contados desde la iniciación del procedimiento.

16. d) El plazo de prescripción de las sanciones comenzará a contarse desde el día en que adquiera firmeza la resolución por la que se impone la sanción.

17. b) El Coordinador de los Centros Residenciales.

18. b) Un Título Preliminar, cinco Títulos, una Disposición Adicional, tres Disposiciones Transitorias, cinco Disposiciones Finales y una Disposición derogatoria.

19. b) Al Diputado Presidente de la Comisión de Bienestar Social, Sanidad y Mayores.

20. a) El Director de la Residencia.

TEST N.º 8

Valoración de las necesidades básicas. Concepto de cuidados básicos y autocuidados. Adaptación y problemas psicosociales y de adaptación del residente al centro

1. ¿Cuál de las siguientes autoras pertenece al modelo de relaciones interpersonales?

a) Nancy Roper.
b) Callista Roy.
c) Orlando.
d) Virginia Henderson.

2. ¿A qué modelo de enfermería pertenece Hildegarde Peplau?

a) Modelos de sistemas.
b) Modelos de autocuidados.
c) Modelos interaccionistas.
d) Modelos naturistas.

3. ¿Cuál de las siguientes son necesidades básicas del paciente, según Virginia Henderson?

a) Realizar prácticas religiosas según la fe de cada uno.
b) Eludir los riesgos del entorno y evitar lesionar a otros.
c) Moverse y mantener la posición deseada.
d) Todas son correctas.

4. La meta de Virginia Henderson es:

a) La adaptación del paciente.
b) El máximo grado de crecimiento personal del paciente.
c) Identificar las necesidades del paciente.
d) La independencia del paciente.

5. ¿Qué autora señala tres niveles en la relación enfermera-paciente?

a) Virginia Henderson.
b) Travelbee.
c) Orlando.
d) Hildegarde Peplau.

6. Según Dorotea Orem, la función de enfermería es:

a) Apreciar las necesidades básicas humanas.
b) Facilitar atención para influir de alguna forma sobre el paciente con el fin de que este evolucione y llegue a conseguir un óptimo nivel de autocuidado.
c) Diagnosticar y tratar si la situación lo exige.
d) Ayudar a las personas sanas y enfermas.

7. Según Dorotea Orem, el Sistema en el que enfermera y paciente realizan medidas de asistencia y otras actividades manipulativas o de deambulación, se denomina:

a) Sistema de enfermería educativo.
b) Sistema de enfermería parcialmente compensador.
c) Sistema de enfermería totalmente compensador.
d) Sistema de apoyo.

8. ¿Cuál de los siguientes no es un método de ayuda, según Dorotea Orem?

a) Ordenar.
b) Guiar.
c) Enseñar.
d) Apoyar.

9. ¿A qué autora se le atribuye el modelo de déficit de autocuidados?

a) Tierny.
b) Logan.
c) Virginia Henderson.
d) Dorotea Orem.

10. En el sistema de enfermería parcialmente compensador, es cierto que:

a) Enfermera y paciente realizan medidas de asistencia y otras manipulativas o de deambulación.
b) Las actividades manipulativas y de deambulación las realiza en su totalidad la enfermera.
c) La enfermería orienta a la persona para llevar a cabo las acciones de autocuidado necesarias.
d) Está dirigido a pacientes que son capaces o deben aprender a realizar acciones propias de su autocuidado.

11. ¿Cuál de las siguientes funciones no son competencia del auxiliar de enfermería?

a) Dar de comer al enfermo incapacitado.
b) Administrar medicación por vía parenteral.
c) Realizar movilizaciones pasivas a parapléjicos.
d) Observar e informar sobre la sintomatología de un paciente.

12. El auxiliar de enfermería no puede ejercer en:

a) Consultas externas.
b) Centro de especialidades.
c) Centro de Salud.
d) Puede ejercer en todos.

13. ¿Cuál de las siguientes funciones no son competencia del auxiliar de enfermería?

a) Colocar la cuña al enfermo incapacitado.
b) Ayudar al personal médico en la ejecución de intervenciones quirúrgicas.
c) La limpieza y ordenación del material utilizado en la unidad/servicio.
d) La recepción de los carros de comidas y la distribución de la misma.

14. Para poder conseguir la meta de excelencia, las organizaciones sanitarias deben cumplir una serie de criterios generales, entre los cuales cabe considerar los siguientes excepto uno; señala cuál:

a) Establecimiento de jerarquía, misión y visión.
b) Modo de integración comunitaria.
c) Definición de procesos para permitir la formación y participación del personal en las decisiones que les afectan.
d) Definir la dirección estratégica y las metas una vez conseguida la excelencia.

15. ¿Cuál es el objetivo diana del Contrato Programa?

a) Impulsar cuantas actuaciones sean necesarias para mejorar la coordinación con los Servicios Sociales.
b) La calidad en la prestación asistencial y la eficiencia en la producción de servicios.
c) La coordinación entre los dos niveles de asistencia para la integración documental y administrativa.
d) El uso racional del medicamento, que debe aprobar y difundir recomendaciones y protocolos conjuntos de empleo de fármacos.

16. La franja de edad que requiere más recursos hospitalarios es la comprendida por:

a) Los primeros y los últimos años de la vida.
b) Los adolescentes.

c) La edad adulta.
d) La pubertad.

17. ¿A qué se refieren las teorías de enfermería cuando hablan del hombre como un sistema abierto?

a) A la especial predisposición a padecer infecciones hospitalarias en los enfermos ingresados.
b) A que está en permanente intercambio físico, mental y espiritual con el medio que le rodea.
c) A que el enfermo que ingresa es vehículo de transmisión de infecciones en todas direcciones.
d) A la disponibilidad para recibir tratamiento que se le supone al enfermo que ingresa.

18. En el marco de los cuidados psicosociales, ¿qué profesional es el encargado de hacer fructificar el capital-tiempo de que dispone el paciente?

a) El psicólogo.
b) La asistente social.
c) La enfermera.
d) El médico.

19. ¿Cómo puede ayudar la enfermera al paciente a estructurar su tiempo?

a) Facilitándole los pasatiempos.
b) Favoreciendo las actividades y la comunicación.
c) Facilitándole las salidas y el conocimiento del entorno hospitalario.
d) Las opciones a) y b) son ciertas.

20. ¿Qué cambios emocionales suelen observarse en el enfermo que es hospitalizado?

a) Estrés.
b) Miedo.
c) Agresividad.
d) Todas son ciertas.

En MADTEST tienes **más preguntas de este tema**, y todos tus avances quedan registrados y se reflejan en el ranking.

¡Supera tus límites con MADTEST!

Solución al test n.º 8

1. c) Orlando.

2. c) Modelos interaccionistas.

3. d) Todas son correctas.

4. d) La independencia del paciente.

5. a) Virginia Henderson.

6. b) Facilitar atención para influir de alguna forma sobre el paciente con el fin de que este evolucione y llegue a conseguir un óptimo nivel de autocuidado.

7. b) Sistema de enfermería parcialmente compensador.

8. a) Ordenar.

9. d) Dorotea Orem.

10. a) Enfermera y paciente realizan medidas de asistencia y otras manipulativas o de deambulación.

11. b) Administrar medicación por vía parenteral.

12. d) Puede ejercer en todos.

13. b) Ayudar al personal médico en la ejecución de intervenciones quirúrgicas.

14. d) Definir la dirección estratégica y las metas una vez conseguida la excelencia.

15. b) La calidad en la prestación asistencial y la eficiencia en la producción de servicios.

16. a) Los primeros y los últimos años de la vida.

17. b) A que está en permanente intercambio físico, mental y espiritual con el medio que le rodea.

18. c) La enfermera.

19. d) Las opciones a) y b) son ciertas.

20. d) Todas son ciertas.

TEST N.º 9

Higiene del residente. Necesidades de higiene y aseo en el adulto. Higiene general y parcial de la piel y capilar. Técnicas de higiene del paciente encamado: total y parcial. Técnica de baño asistido. Higiene de las ropas

1. ¿Qué elemento o elementos anatómicos de estos no pertenece al sistema tegumentario?

a) Piel.
b) Pelos.
c) Uñas.
d) Cartílagos.

2. El tejido celular subcutáneo de la piel se denomina:

a) Dermis.
b) Hipodermis.
c) Epidermis.
d) Tejido de Malpighio.

3. ¿Dónde no hay glándulas sebáceas?

a) En axilas.
b) En plantas del pie y palmas de las manos.
c) En cuero cabelludo.
d) En cara.

4. ¿Cómo se denomina la parte de las uñas que se observa en sus zonas proximales en forma de zona blanquecina semicircular?

a) Cutícula.
b) Lúnula.
c) Bulbo.

d) Médula.

5. ¿Cómo se denomina la lesión primaria de la piel, elevada, circunscrita, infiltrada, producida por inflamación crónica y que deja cicatriz cuando resuelve?

a) Tubérculo.
b) Roncha.
c) Habón.
d) Vesícula.

6. ¿Qué lesión elemental primaria de la piel es aquella que se manifiesta sobreelevada y de contenido sólido, inferior a 1 cm de diámetro?

a) Pápula.
b) Mácula.
c) Púrpura.
d) Ampolla.

7. ¿Qué lesión secundaria y elemental de la piel es producida por desecación de exudados o sangre?

a) Pústula.
b) Escama.
c) Costra.
d) Liquenificación.

8. Una erosión en la piel se define como aquella lesión elemental que se manifiesta como:

a) Una pérdida superficial de la epidermis que cura sin cicatriz.
b) Una solución de continuidad que afecta a epidermis y dermis papilar.
c) Una pérdida de sustancia que afecta a epidermis, dermis y tejido subcutáneo.
d) Una pequeña elevación cutánea parecida a la ampolla pero contiene en su interior pus.

9. ¿Qué dermatosis es muy frecuente en adolescencia (hasta en el 80 %)?

a) Acné.
b) Psoriasis.
c) Vitíligo.
d) Forúnculos.

10. ¿Qué infección de la piel es vírica?

a) Psoriasis.
b) Herpes simple.

c) Forúnculo.
d) Escabiosis.

11. La denominada vulgarmente como "ladilla" la ocasiona:

a) *Pediculis humanus capitis*.
b) *Pediculis humanus corporis*.
c) *Phthirus pubis*.
d) *Pediculis scrotae*.

12. La escabiosis es otra denominación de:

a) La sarna.
b) La pediculosis.
c) La psoriasis.
d) El nevus cutáneo.

13. La afección de la piel conocida como "manchas vino de Oporto" se corresponde a:

a) Nevus azul.
b) Angiomas planos.
c) Angiomas cavernosos.
d) Nevus melanocítico congénito o adquirido.

14. ¿Qué es falso del melanoma?

a) Es un tumor maligno de la piel.
b) Se da más frecuentemente en sujetos de piel oscura o morena intensa, sin necesidad de exponerse al sol.
c) Es un melanoma con poca o nada de pigmentación es un factor de mal pronóstico.
d) Es más frecuentes en mujeres.

15. ¿Qué baño es aquel que, aun conservando la movilidad, el paciente no puede levantarse, por lo que él asume su higiene siendo auxiliado en caso necesario por la enfermera?

a) Baño completo en la cama.
b) Baño en la cama.
c) Baño parcial.
d) Baño kinestésico.

16. ¿Qué elementos o materiales necesarios para el aseo del paciente son de lavado?

a) Hule.
b) Manta de baño.

c) Esponjas y guantes.
d) Cuña.

17. El lavado de cabellos del paciente debe realizarse aproximadamente:

a) Todos los días.
b) Cada tres días.
c) Una vez a la semana.
d) Depende de la suciedad que este tenga.

18. ¿Cuál debe ser la temperatura del agua para el baño, si se realiza la técnica del baño completo en la cama?

a) 180 ºC.
b) 22-24 ºC.
c) 30-32 ºC.
d) 37-40 ºC.

19. ¿En qué posición debe colocarse al paciente para llevar a cabo la higiene del cabello?

a) En posición de Trendelenburg.
b) En posición de Roser o Proetz.
c) En posición de Morestín.
d) En posición de Sims.

20. ¿Qué zona de la uña indica la incógnita de la imagen?

a) Placa ungueal.
b) Lúnula.
c) Eponiquio.
d) Cutícula.

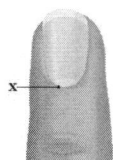

Solución al test n.º 9

1. d) Cartílagos.

2. b) Hipodermis.

3. b) En plantas del pie y palmas de las manos.

4. b) Lúnula.

5. a) Tubérculo.

6. a) Pápula.

7. c) Costra.

8. a) Una pérdida superficial de la epidermis que cura sin cicatriz.

9. a) Acné.

10. b) Herpes simple.

11. c) *Phthirus pubis*.

12. a) La sarna.

13. b) Angiomas planos.

14. b) Se da más frecuentemente en sujetos de piel oscura o morena intensa, sin necesidad de exponerse al sol.

15. b) Baño en la cama.

16. c) Esponjas y guantes.

17. c) Una vez a la semana.

18. d) 37-40 ºC.

19. b) En posición de Roser o Proetz.

20. c) Eponiquio.

TEST N.º 10

Atención del Auxiliar de Enfermería al residente encamado: posición anatómica y alineación corporal. Procedimientos de preparación de las camas. Cambios posturales. Drenajes: manipulación y cuidado. Úlceras y escaras: prevención. Técnicas de traslado

1. ¿Cuál es el plano anatómico que divide nuestro cuerpo en una parte anterior y otra posterior?

a) El plano frontal.
b) El plano sagital.
c) El plano transversal.
d) El plano oblicuo.

2. Los ejes longitudinal y sagital forman el plano:

a) Frontal.
b) Transversal.
c) Horizontal.
d) Sagital.

3. ¿Cuál es el movimiento que implica plegar o doblar una extremidad sobre una articulación?

a) Extensión.
b) Supinación.
c) Flexión.
d) Pronación.

4. ¿Cómo se denominan todas aquellas posturas o posiciones que el paciente puede adoptar en la cama, camilla, mesa de exploraciones, etc., que son de interés para el manejo del enfermo por el personal sanitario y de manera especial por el técnico en cuidados auxiliares de enfermería?

a) Posiciones de examen del paciente encamado.
b) Posiciones anatómicas del paciente encamado.

c) Posiciones básicas del paciente encamado.
d) Posiciones exploratorias del paciente encamado.

5. ¿Qué material de estos no es necesario para realizar los cambios posturales del paciente?

a) Almohadas, cojines y ropa limpia.
b) Férulas y a veces protectores de protuberancia.
c) Jabón y antisépticos.
d) Son todos necesarios.

6. La temperatura de las habitaciones del hospital debe oscilar entre:

a) 16-18 ºC.
b) 20-22 ºC.
c) 26-28 ºC.
d) 30-32 ºC.

7. ¿Qué mobiliario de la habitación del paciente no es imprescindible?

a) Mesita de noche y armario.
b) Cama.
c) Sofá pequeño.
d) Silla y/o sillón.

8. ¿En cuántos segmentos móviles se divide el somier metálico de la cama articulada?

a) En 2.
b) En 3.
c) En 4.
d) No tiene divisiones.

9. La cama articulada de somier rígido impide al paciente colocarlo en la posición de:

a) Decúbito supino.
b) Decúbito prono.
c) Decúbito lateral.
d) Fowler.

10. El marco triangular de Balkan lo posee la cama:

a) Ortopédica de Judet.
b) Bouchat.
c) De levitación.
d) Electrocircular o de Striker.

11. ¿Qué es lo más importante de lo que se expone en relación con las úlceras por presión a nivel sanitario?

a) Su tratamiento.
b) Su diagnóstico.
c) Su prevención.
d) Conocer sus causas.

12. ¿En qué personas se dan más úlceras por presión?

a) En personas encamadas.
b) En personas con buena movilidad.
c) En personas bien nutridas.
d) Nada de lo anterior es cierto.

13. ¿Qué causa de estas es neurológica o nerviosa en la génesis de la úlcera por presión?

a) Parálisis.
b) Arteriosclerosis.
c) Alteraciones de la microcirculación.
d) Todo lo anterior es cierto.

14. ¿Cuáles son los planos duros que ejercen presión para que se dé la úlcera por presión?

a) El colchón o asiento sobre el que reposa el enfermo y por otro la superficie ósea del paciente.
b) Las sábanas o colchas empleadas y las manos de los cuidadores.
c) Las manos de los cuidadores y el colchón o asiento sobre el que reposa el enfermo.
d) Las manos de los cuidadores y la superficie ósea del paciente.

15. ¿Qué tipo de enfermo de estos puede tener la consciencia alterada y por ello ser más susceptible a padecer úlceras por presión?

a) Enfermos psiquiátricos sometidos a fuertes dosis de sedantes.
b) Enfermos incontinentes.
c) Enfermos con Síndrome de Cushing.
d) Ninguno de los anteriores.

16. El desarrollo de un programa de ejercicios encaminado a conseguir el restablecimiento de las funciones disminuidas por la enfermedad es:

a) Movilización.
b) Fisioterapia.

c) Masoterapia.
d) Nada de lo anterior.

17. ¿Qué causa física del inmovilismo es fisiológica?

a) La artrosis.
b) La osteoporosis.
c) La enfermedad de Parkinson.
d) Las producidas por el envejecimiento de las personas.

18. Considerando exclusivamente la fuerza, el ángulo de tracción óptimo para cualquier músculo es de:

a) 30 grados.
b) 45 grados.
c) 60 grados.
d) 90 grados.

19. Las úlceras por presión se evitan:

a) Con una sistemática de cambios posturales frecuentes.
b) La necesidad de una aplicación adecuada de buenas posiciones no es prioritaria.
c) Tomando todos los días la medicación recomendada.
d) Son ciertas las respuestas a) y c).

20. ¿Qué paso a seguir es incorrecto en el procedimiento para mover a un enfermo hacia el borde de la cama?

a) El auxiliar se ubicará en el lado de la cama hacia donde se moverá al enfermo.
b) Quitar toda la ropa de la cama, incluso la sábana encimera.
c) Colocar el brazo del paciente que se encuentre más cercano a nosotros a lo largo de su tórax.
d) Colocar un pie delante del otro y flexionar las rodillas.

En MADTEST tienes **más preguntas de este tema**, y todos tus avances quedan registrados y se reflejan en el ranking.

¡Supera tus límites con MADTEST!

Solución al test n.º 10

1. a) El plano frontal.

2. d) Sagital.

3. c) Flexión.

4. c) Posiciones básicas del paciente encamado.

5. c) Jabón y antisépticos.

6. b) 20-22 ºC.

7. c) Sofá pequeño.

8. b) En 3.

9. d) Fowler.

10. a) Ortopédica de Judet.

11. c) Su prevención.

12. a) En personas encamadas.

13. a) Parálisis.

14. a) El colchón o asiento sobre el que reposa el enfermo y por otro la superficie ósea del paciente.

15. a) Enfermos psiquiátricos sometidos a fuertes dosis de sedantes.

16. a) Movilización.

17. d) Las producidas por el envejecimiento de las personas.

18. d) 90 grados.

19. a) Con una sistemática de cambios posturales frecuentes.

20. b) Quitar toda la ropa de la cama, incluso la sábana encimera.

TEST N.º 11

La alimentación de las personas mayores: clasificación, higiene y manipulación. Dietas terapéuticas: concepto y tipos. Vías de alimentación enteral y parenteral: concepto y técnicas de apoyo. Administración de alimentos por sonda nasogástrica

1. ¿A qué se denomina la forma y manera de proporcionar al organismo los alimentos que le son indispensables?

a) Nutrición.
b) Alimentación.
c) Metabolismo.
d) Asimilación.

2. ¿Cómo se denominan los alimentos que están destinados fundamentalmente a la formación y renovación de los tejidos humanos, tanto en la fase de construcción o crecimiento como en la renovación de tejidos en los adultos?

a) Energéticos.
b) Vitamínicos.
c) Plásticos.
d) Reguladores.

3. ¿Qué alimentos son aquellos cuya composición principal son las proteínas y el calcio?

a) Alimentos reguladores.
b) Alimentos biocatalizadores.
c) Alimentos energéticos.
d) Alimentos plásticos.

4. Las frutas pertenecen en la nueva rueda de alimentos al grupo:

a) VI.
b) V.
c) IV.
d) III.

5. La base de la pirámide de alimentación saludable está compuesta de:

a) Recomendaciones de estilos de vida saludable (equilibrio emocional, actividad física diaria, ingesta adecuada de agua…).
b) Tomar alimentos de la dieta mediterránea.
c) Alimentos de consumo opcional y moderado.
d) Alimentos de consumo variado y diario.

6. La ingesta adecuada de agua diaria está en torno a los:

a) 1,5 litros.
b) 2 litros.
c) 2,5 litros.
d) 3,5 litros.

7. La regla de las tres erres, también conocida como 3R se aplican a la alimentación:

a) Variable.
b) Opcional.
c) Sostenible.
d) Saludable.

8. ¿Quién pone directamente en marcha y desarrolla la estrategia NAOS?

a) La Sociedad Española de Nutrición Comunitaria (SENC).
b) La Agencia Española de Seguridad Alimentaria y Nutrición (AESAN).
c) La Secretaría de Estado de Consejos dietéticos, mediante el programa EDALNU del Ministerio de Sanidad.
d) El Ministerio de Innovación, Desarrollo e Industria.

9. ¿Qué carne de estas consideras con más grasa?

a) La carne de cordero.
b) La carne de ternera.
c) La carne de conejo.
d) La carne de caballo.

10. ¿Cuál es la unidad de energía tradicionalmente empleada en nutrición y que sigue usándose con carácter generalizado?

a) El julio (J).
b) La Caloría grande (Cal).
c) El grado centígrado (ºC).
d) El ergio (erg).

11. Empleando la fórmula de Harris y Benedict del metabolismo basal diremos que un varón de 35 kg de peso, 1,40 m de talla y 11 años de edad, será aproximadamente de:

a) 700.
b) 850.
c) 1100.
d) 2100.

12. ¿Qué factor se estos es el que más influye en la multiplicación de microorganismos?

a) Las calorías de los alimentos.
b) La temperatura del medio.
c) La presión atmosférica.
d) La presencia o no de otros gérmenes.

13. ¿Qué agentes bióticos de los siguientes son mas productores de toxiinfecciones alimentarias?

a) Hongos.
b) Bacterias.
c) Protozoos.
d) Parásitos.

14. ¿Cuál es la fuente más importante de contaminación de intoxicaciones químicas de origen alimentario de forma directa sobre frutas y verduras que ingerimos, o indirecta tras la ingesta de lo anterior de animales?

a) El estiércol de origen animal.
b) Los mercuriales.
c) Los insecticidas.
d) El riego con agua contaminada.

15. ¿Qué aminoácido es esencial?

a) Prolina.
b) Cisteína.
c) Triptófano.
d) Alanina.

16. ¿Qué principios inmediatos son sustancias energéticas?

a) Grasas.
b) Grasas y proteínas.
c) Azúcares y proteínas.
d) Grasas y azúcares.

17. ¿Cuál de estos nutrientes se considera micronutriente (imprescindibles en pequeñas cantidades)?

a) Vitaminas.
b) Azúcares.
c) Proteínas.
d) Grasas.

18. El retinol es un constituyente de la vitamina:

a) Vitamina A.
b) Vitamina B_2.
c) Vitamina C.
d) Vitamina D.

19. ¿Con qué término se corresponde esta definición: «la técnica y el arte de utilizar los alimentos de la forma adecuada, partiendo del conocimiento profundo del organismo humano y de los alimentos, para proponer y promover formas de alimentación, variada, suficiente y equilibrada»?

a) Dietoterapia.
b) Nutrición.
c) Bromatología.
d) Dietética.

20. Un IMC (índice de Masa Corporal) de 27, según Garrow, estaría en el grado de obesidad:

a) No obesidad.
b) Leve.
c) Moderada.
d) Grave.

En MADTEST tienes **más preguntas de este tema**, y todos tus avances quedan registrados y se reflejan en el ranking.

¡Supera tus límites con MADTEST!

Solución al test n.º 11

1. b) Alimentación.

2. c) Plásticos.

3. d) Alimentos plásticos.

4. a) VI.

5. a) Recomendaciones de estilos de vida saludable (equilibrio emocional, actividad física diaria, ingesta adecuada de agua…).

6. c) 2,5 litros.

7. c) Sostenible.

8. b) La Agencia Española de Seguridad Alimentaria y Nutrición (AESAN).

9. a) La carne de cordero.

10. b) La Caloría grande (Cal).

11. c) 1100.

12. b) La temperatura del medio.

13. b) Bacterias.

14. c) Los insecticidas.

15. c) Triptófano.

16. d) Grasas y azúcares.

17. a) Vitaminas.

18. a) Vitamina A.

19. d) Dietética.

20. b) Leve.

TEST N.º 12

Atención del auxiliar de enfermería en las necesidades de eliminación: generalidades. Recogida de muestras: tipos, manipulación, características y alteraciones. Sondajes, ostomías, enemas: tipos, manipulación y cuidados

1. ¿Qué huesos de la cabeza intervienen en la formación del paladar duro?

a) Palatinos y maxilares.
b) Cigomáticos y maxilares.
c) Cigomáticos y palatinos.
d) Unguis y palatinos.

2. ¿Qué papilas linguales de estas no son gustativas?

a) Caliciformes.
b) Filiformes.
c) Fungiformes.
d) Todas son gustativas.

3. ¿Qué músculo forma el esfínter esofágico superior?

a) El músculo hioideofaríngeo.
b) El músculo tirocricoideo.
c) El músculo cricofaríngeo.
d) Ninguno de los anteriores.

4. ¿Cuál es el conducto de salida de la saliva a la boca de las glándulas parótidas?

a) Conducto de Stenon.
b) Conducto de Warton.
c) Conducto de Rivinus.
d) Conducto de Walter.

5. Sinónimo de ptialismo es:

a) Sialonco.
b) Sialorrea.
c) Sialosquesis.
d) Sialodoquitis.

6. ¿Qué es falso de las úlceras de duodeno?

a) Son más frecuentes que las gástricas.
b) Afectan más a personas menores de 50 años.
c) Da dolor epigástrico que aumenta de intensidad con la ingesta de alimentos.
d) El dolor mejora con antiácidos.

7. ¿Qué enfermedad es muy parecida a la colitis ulcerosa, pero además del colon afecta a más zonas del tubo digestivo?

a) Colitis funcional.
b) Colon irritable.
c) Enfermedad de Crohn.
d) Enfermedad de Brooke.

8. Respecto al sangrado de las hemorroides externas diremos que:

a) Sangran durante la defecación.
b) Las heces son negras (melenas).
c) Raramente sangran.
d) Nunca, si se dan, son de color rojo brillante.

9. Las heces acólicas generalmente informan de:

a) Obstrucción biliar, sin secreción de bilis.
b) Hemorragia en tracto intestinal inferior.
c) Infección intestinal.
d) Hemorragia en tracto intestinal superior.

10. ¿Qué volumen poseerá la jeringa de alimentación que se emplea en sondaje nasogástrico?

a) Jeringa de alimentación de 5 a 10 ml.
b) Jeringa de alimentación de 10 a 25 ml.
c) Jeringa de alimentación de 50 a 100 ml.
d) Jeringa de alimentación de 150 a 300 ml.

11. El tubo digestivo tiene una longitud aproximada de:

a) 5 a 7,5 m.
b) 7 a 10 m.
c) 10 a 12 m.
d) 14 a 18 m.

12. ¿Qué produce las ulceraciones del estoma?

a) La aplicación sucesiva de las bolsas.
b) El uso inadecuado del dispositivo recolector.
c) Una alteración de la circulación de la sangre en la zona.
d) La progresión del tumor maligno.

13. El transporte de la orina desde los riñones a la vejiga urinaria se realiza mediante:

a) Los riñones.
b) Los uréteres.
c) Las glándulas suprarrenales.
d) La uretra.

14. ¿Qué hormona renal interviene en el funcionamiento de un sistema regulador de la presión arterial?

a) Eritropoyetina.
b) Renina.
c) Aldosterona.
d) Renopresina.

15. ¿Qué estructuras entran y salen por el hilio renal?

a) Entran la arteria renal y el uréter, y salen la vena renal y el nervio renal.
b) Entran la arteria y el nervio renal, y salen la vena renal y el uréter.
c) Entran la vena y el nervio renal, y salen la arteria renal y el uréter.
d) Entran la vena renal y el uréter, y salen la arteria renal y el nervio renal.

16. La uretra comienza en la vejiga urinaria en:

a) Su cara posterior.
b) Su vértice superior.
c) Sus caras laterales.
d) Su vértice inferior.

17. ¿En qué uretra de estas está en el pene?

a) Uretra prostática.
b) Uretra membranosa.
c) Uretra cavernosa.
d) La uretra no llega al pene.

18. Si la emisión de orina es inferior a 500 ml diarios tendremos un caso de:

a) Poliuria.
b) Anuria.
c) Polaquiuria.
d) Oliguria.

19. Si orino muchas veces al día (aunque sea poco volumen) tengo una:

a) Poliuria.
b) Disuria.
c) Enuresis.
d) Polaquiuria.

20. ¿Qué aspecto de los que se nombran presentará la orina con hepatitis vírica activa (ictericia)?

a) Amarillo oscuro.
b) Coluria.
c) Amarillo pálido.
d) Rojiza (hematuria).

En MADTEST tienes **más preguntas de este tema**, y todos tus avances quedan registrados y se reflejan en el ranking.

¡Supera tus límites con MADTEST!

Solución al test n.º 12

1. a) Palatinos y maxilares.

2. d) Todas son gustativas.

3. c) El músculo cricofaríngeo.

4. a) Conducto de Stenon.

5. b) Sialorrea.

6. c) Da dolor epigástrico que aumenta de intensidad con la ingesta de alimentos.

7. c) Enfermedad de Crohn.

8. c) Raramente sangran.

9. a) Obstrucción biliar, sin secreción de bilis.

10. c) Jeringa de alimentación de 50 a 100 ml.

11. c) 10 a 12 m.

12. b) El uso inadecuado del dispositivo recolector.

13. b) Los uréteres.

14. b) Renina.

15. b) Entran la arteria y el nervio renal, y salen la vena renal y el uréter.

16. d) Su vértice inferior.

17. c) Uretra cavernosa.

18. d) Oliguria.

19. d) Polaquiuria.

20. b) Coluria.

TEST N.º 13

Vías de administración de los medicamentos: oral, rectal y tópica. Precauciones para su administración. Condiciones de almacenamiento y conservación. Caducidades

1. Toda sustancia empleada en la fabricación de un medicamento, ya permanezca inalterada, se modifique o desaparezca en el transcurso del proceso, se llama:

a) Excipiente.
b) Coadyuvante.
c) Materia prima.
d) Principio activo.

2. ¿Cómo se denomina todo medicamento que tenga la misma composición cualitativa y cuantitativa en principios activos y la misma forma farmacéutica, y cuya bioequivalencia con el medicamento de referencia haya sido demostrada por estudios adecuados de biodisponibilidad?

a) Medicamento especial.
b) Medicamento magistral.
c) Medicamento de investigación.
d) Medicamento genérico.

3. ¿Cómo se consideran las «premezclas para piensos medicamentosos» elaboradas para ser incorporadas a un pienso?

a) Medicamentos de uso humano.
b) Medicamentos de uso veterinario.
c) Medicamentos de terapia génica.
d) Medicamentos de origen humano.

4. La farmacodinamia estudia:

a) Los efectos de los fármacos en el organismo.
b) La aplicación de los fármacos en el ser humano con la finalidad de curar o de alterar voluntariamente una función normal.

c) Las reacciones adversas y las enfermedades producidas por los medicamentos.

d) La evolución de un fármaco en el organismo tras su administración por distintas vías, identificando los metabolitos y las modalidades de eliminación.

5. Cuando digo aspirina me estoy refiriendo a:

a) La marca registrada (nombre comercial).
b) Nombre científico.
c) Nombre químico.
d) Nombre genérico.

6. ¿Qué mecanismo de acción de fármacos serán aquellos en los que no intervienen estructuras biológicas especializadas (receptores)?

a) Estocástico.
b) No específico.
c) Específico.
d) Variable.

7. ¿Qué órgano se encarga de la eliminación de los metabolitos?

a) Esófago.
b) Estómago.
c) Hígado.
d) Páncreas.

8. El paso del fármaco de la sangre a los tejidos dependerá de su fijación a:

a) Proteínas plasmáticas.
b) Lípidos serológicos.
c) Glúcidos plasmáticos.
d) ATP circulante.

9. El efecto primario pretendido, es decir, la razón por la cual se prescribe el fármaco, con una dosis mínima eficaz es el efecto:

a) Secundario.
b) Lateral.
c) Terapéutico.
d) Adverso.

10. ¿Qué medicamentos de estos son formas farmacéuticas líquidas?

a) Polvos.
b) Sellos.
c) Emulsiones.
d) Geles.

11. ¿Cuál es la parte de la farmacología que estudia el movimiento de los fárma-cos en el organismo en función del tiempo y la dosis, desde que se administra hasta su eliminación total?

a) Farmacología clínica.
b) Farmacodinamia.
c) Farmacocinética.
d) Farmacognosia.

12. ¿Cómo se denomina el procedimiento que se lleva a cabo con la hoja de trata-miento correspondiente, para asegurarse al mismo tiempo del nombre del pacien-te, número de habitación y cama, medicamento y dosis a administrar, vía y horario?

a) Comprobación de los 5 errores o los 5 correctos.
b) Comprobación de la filiación del enfermo.
c) Comprobación de los 8 errores.
d) Nada de lo anterior es cierto.

13. Todo lo que se expone de la administración de un fármaco por vía oral es cierto, excepto que:

a) Puede y debe administrarse un medicamento preparado por otra persona (si re-quiere lo mismo).
b) No se deben administrar medicamentos en un recipiente mal rotulado.
c) No se debe perder de vista el carrito unidosis o bandeja de medicamentos.
d) Los medicamentos no usados nunca se regresan a los recipientes, se desechan o bien se avisa a farmacia.

14. ¿Qué afirmación es cierta respecto a la administración oftálmica?

a) No deben aplicarse las gotas estando la persona de pie o sentada, solo se pondrá si está en decúbito.
b) Nunca se eliminará el exceso de medicación con una gasa limpia.
c) Se limpiarán los ojos de secreciones con una gasa estéril empapada en una solu-ción irrigante, utilizando una gasa diferente para cada ojo con el fin de no contaminar o extender la infección.
d) No se debe tirar del parpado inferior y sí del superior, para aplicar el medicamento.

15. Los sistemas percutáneos se corresponden con la vía:

a) Tópica.
b) Intratecal.
c) Intraneural.
d) Transdérmica.

16. ¿Qué vía es parenteral directa?

a) Vía subcutánea.
b) Vía intraósea.
c) Vía intraarterial.
d) Son ciertas las respuestas a) y c).

17. ¿Cuál es el motivo por el que se evita la perfusión venosa en las piernas de medicamentos?

a) No existe ningún motivo, y se hace habitualmente en la práctica.
b) Mayor riesgo de infecciones.
c) Mayor riesgo de hemorragias.
d) Mayor riesgo de tromboflebitis.

18. ¿Qué otro nombre recibe la vía subcutánea?

a) Vía transdérmica.
b) Vía intradérmica.
c) Vía hipodérmica.
d) Vía subdérmica.

19. ¿Qué vía de esta es intrarraquídea?

a) Vía intratecal.
b) Vía intraarticular.
c) Vía intraperitoneal.
d) Vía intraótica.

20. Se recomienda y considera, según la OMS, que todos los medicamentos tienen una vigencia máxima, desde su fecha de fabricación, de:

a) 1 año.
b) 3 años.
c) 5 años.
d) 10 años.

En MADTEST tienes **más preguntas de este tema**, y todos tus avances quedan registrados y se reflejan en el ranking.

¡Supera tus límites con MADTEST!

Solución al test n.º 13

1. c) Materia prima.

2. d) Medicamento genérico.

3. b) Medicamentos de uso veterinario.

4. a) Los efectos de los fármacos en el organismo.

5. a) La marca registrada (nombre comercial).

6. b) No específico.

7. c) Hígado.

8. a) Proteínas plasmáticas.

9. c) Terapéutico.

10. c) Emulsiones.

11. c) Farmacocinética.

12. a) Comprobación de los 5 errores o los 5 correctos.

13. a) Puede y debe administrarse un medicamento preparado por otra persona (si requiere lo mismo).

14. c) Se limpiarán los ojos de secreciones con una gasa estéril empapada en una solución irrigante, utilizando una gasa diferente para cada ojo con el fin de no contaminar o extender la infección.

15. d) Transdérmica.

16. c) Vía intraarterial.

17. d) Mayor riesgo de tromboflebitis.

18. c) Vía hipodérmica.

19. a) Vía intratecal.

20. c) 5 años.

TEST N.º 14

Vigilancia del residente: estado de consciencia, observación de la piel, temperatura, pulso, respiraciones. Tensión arterial. Constantes biológicas y forma de tomarlas. Gráficas de control de líquidos ingeridos y expulsados

1. ¿En la toma de qué constante vital no hay que avisar al enfermo acerca de lo que se le va a hacer?

a) Temperatura.
b) Pulso.
c) Respiración.
d) Tensión arterial.

2. ¿Qué afirmación es incorrecta de las acciones a seguir por el TCAE, cuando se observa alguna cuestión fuera de lo normal en la toma de constantes vitales?

a) Nunca debe dejar registrado su nombre en la hoja de incidencias de enfermería pero siempre el del paciente.
b) Debe dejar constancia por escrito en la hoja de incidencias de enfermería de todo aquello que sea considerado como fuera de lo normal.
c) Debe informar objetivamente al enfermero/a responsable del paciente de todo aquello que sea considerado como fuera de lo normal.
d) Debe dejar por escrito en la hoja de incidencias de enfermería la hora a la que se ha realizado la observación y el día que ha ocurrido, así como cuál ha sido su actuación ante aquello considerado como fuera de lo normal.

3. En el área de pediatría y urgencias en hospitales se está implantando el termómetro de:

a) Columna de mercurio.
b) Columna de galio.
c) Cristal de mercurio.
d) Sensor timpánico.

4. La temperatura bucal se puede tomar en:

a) Niños menores de 6 años.
b) Pacientes en coma.
c) Pacientes con agitación psicomotriz.
d) Niños mayores de 6 años.

5. Existe taquicardia por encima de:

a) 75 pulsaciones/minuto.
b) 85 pulsaciones/minuto.
c) 95 pulsaciones/minuto.
d) 100 pulsaciones/minuto.

6. ¿Cómo se denomina aquel pulso que se percibe con facilidad y que produce gran amplitud en el vaso que se palpa?

a) Fuerte.
b) Pleno.
c) Rebotante.
d) Filiforme.

7. El pulso central o apical se toma:

a) En la punta del corazón.
b) En la zona central del muslo.
c) En el cuello (es sinónimo del yugular).
d) En la zona central del brazo.

8. ¿Cuál de estas consideras una razón sustancial y etiopatogénica para tomar el pulso?

a) Para valorar la frecuencia, el ritmo, el volumen y la tensión del pulso, que pueden reflejar un problema general.
b) Para identificar a un sujeto.
c) Para valorar el estado de salud del sujeto.
d) Para conocer la edad del individuo.

9. ¿Cuál de estas es considerada una posición adecuada para tomar el pulso?

a) Posición de bipedestación.
b) Posición de sentado.
c) Posición de decúbito prono.
d) Son válidas las respuestas a) y b).

10. La ausencia de respiración se denomina:

a) Apnea.
b) Hipernea.
c) Ortopnea.
d) Ripnea.

11. La serie de respiraciones irregulares en profundidad, interrumpidas por intervalos de apnea se denomina respiración de:

a) Biot.
b) Bouchut.
c) Kussmaul.
d) Cheyne-Stokes.

12. ¿En qué tipo de gráficas existe un apartado también para la medicación?

a) En Gráficas mensuales.
b) En Gráficas semanales.
c) En Gráficas ordinarias.
d) En Gráficas especiales.

13. En ausencia de patología, en el ritmo respiratorio normal la fase inspiratoria es más corta que la espiratoria en una proporción:

a) 2:1.
b) 3:1.
c) 4:1.
d) 5:1.

14. En un adulto joven y sano la presión sistólica es de:

a) 180 mmHg.
b) 155 mmHg.
c) 130 mmHg.
d) 100 mmHg.

15. La temperatura ambiente a la hora de tomar la tensión arterial debe estar sobre los:

a) 10 ºC.
b) 22 ºC.
c) 30 ºC.
d) 35 ºC.

16. La hipotensión postural se denomina también:

a) Idiopática.
b) Esencial.
c) Ortostática.
d) Paradójica.

17. Los valores normales para la vena cava de PVC es de:

a) 0 y 4 cm de H_2O.
b) 2 y 6 cm de H_2O.
c) 6 y 12 cm de H_2O.
d) 14 a 20 cm de H_2O.

18. ¿Cuál es el componte más importante del cuerpo humano?

a) El sodio.
b) El postasio.
c) El agua.
d) La sal.

19. El espacio situado entre las células se denomina espacio:

a) Extracelular.
b) Intracelular.
c) Intersticial.
d) Intravascular.

20. ¿Cuál es el catión más abundante en el espacio intracelular?

a) Sodio.
b) Hidrógeno.
c) Potasio.
d) Cloruro.

En MADTEST tienes **más preguntas de este tema**, y todos tus avances quedan registrados y se reflejan en el ranking.

¡Supera tus límites con MADTEST!

Solución al test n.º 14

1. c) Respiración.

2. a) Nunca debe dejar registrado su nombre en la hoja de incidencias de enfermería pero siempre el del paciente.

3. d) Sensor timpánico.

4. d) Niños mayores de 6 años.

5. d) 100 pulsaciones/minuto.

6. b) Pleno.

7. a) En la punta del corazón.

8. a) Para valorar la frecuencia, el ritmo, el volumen y la tensión del pulso, que pueden reflejar un problema general.

9. b) Posición de sentado.

10. a) Apnea.

11. a) Biot.

12. d) En Gráficas especiales.

13. b) 3:1.

14. c) 130 mmHg.

15. b) 22 ºC.

16. c) Ortostática.

17. c) 6 y 12 cm de H_2O.

18. c) El agua.

19. c) Intersticial.

20. c) Potasio.

TEST N.º 15

Urgencias y emergencias: concepto. Primeros auxilios en situaciones críticas: politraumatizados, quemados, shock, intoxicación, heridas, hemorragias, asfixias. Reanimación cardiopulmonar básica. Mantenimiento y reposición del material necesario (carro de parada). Inmovilizaciones y traslado de enfermos

1. Consideramos que lo ideal sería que supieran técnicas de RCP:

a) Todo el personal sanitario.
b) Todo el personal de primera intervención.
c) Todos los ciudadanos.
d) Todo el personal que trabaje en un servicio sanitario.

2. El estilo Utstein en el soporte vital básico es:

a) Un acuerdo a nivel mundial para consensuar definiciones relacionadas con la RCP.
b) La principal asociación de indicaciones en RCP a nivel europeo.
c) La secuencia de actuación correcta ante una emergencia clínica.
d) Todas son ciertas.

3. El primer eslabón de la cadena de supervivencia es:

a) RCP básica.
b) Desfibrilación precoz.
c) Activación de los servicios de emergencia.
d) Soporte vital avanzado.

4. El número seleccionado en toda Europa para la activación de los servicios de emergencias es:

a) 112.
b) 061.
c) 060.
d) 092.

5. La causa más frecuente de parada cardiorrespiratoria en adultos es:

a) Torsades de pointes.
b) FV.
c) FA.
d) Enfermedad terminal.

6. Para despejar la vía aérea usaremos la técnica de:

a) Tracción mandibular.
b) VOS.
c) Insuflaciones.
d) Dedo en gancho.

7. La secuencia correcta entre MCE (masaje cardiaco externo) e insuflaciones es de:

a) 30/2.
b) 15/2.
c) 30/1.
d) Depende del número de reanimadores.

8. ¿Cuál de las siguientes afirmaciones sobre el boca a boca es falsa?

a) Debemos tapar los orificios nasales.
b) Debemos sellar la boca del paciente con nuestra boca.
c) Se realizarán 2 insuflaciones cada 30 compresiones.
d) Se realizará una insuflación profunda para mejorar la oxigenación.

9. Consideraremos una obstrucción como parcial si:

a) El paciente no se encuentra atragantado.
b) El paciente puede respirar y toser.
c) El paciente no puede toser.
d) El paciente se encuentra consciente.

10. Ante una hemorragia:

a) Deberemos dar agua para reponer el volumen perdido.
b) Deberemos usar un torniquete.
c) Deberemos hacer compresión sobre la herida.
d) Deberemos aplicar calor seco.

11. ¿Cuál es la clínica de la intoxicación por litio?

a) Náuseas, vómitos, diarrea, ataxia, disartria, depresión del nivel de conciencia, convulsiones, poliuria e hiponatremia.
b) Sopor, pérdida de reflejos, hipotermia, hipotensión y trastornos motores.

c) Alteración del nivel de conciencia, depresión del SNC, ataxia, náuseas y vómitos.
d) Disartria, hiperreflexia, depresión respiratoria, convulsiones e hipotensión.

12. ¿Cuáles son las valoraciones que se deben hacer a un paciente con un traumatismo craneoencefálico?

a) Valoración respiratoria y neurológica.
b) Valoración circulatoria y externa en busca de heridas.
c) Valoración respiratoria, circulatoria y neurológica.
d) Valoración circulatoria e inspección, palpación y auscultación de la cabeza.

13. ¿Qué tres parámetros se evalúan en la atención de enfermería de un paciente con un traumatismo craneoencefálico para evaluar su conciencia?

a) Apertura de ojos, respuesta verbal y respuesta motora.
b) Apertura de ojos, respuesta pupilar ante un foco de luz y respuesta verbal.
c) La relación entre las pupilas, la presión intracraneal y la capacidad pulmonar.
d) Respuesta motora, respuesta verbal y respuesta pupilar a la luz.

14. Los signos y síntomas de las fracturas consisten en:

a) Hinchazón, cambios de color, mareos, náuseas, delirios.
b) Torpeza, sudoración, angustia, fatiga, hinchazón local, arritmias y cambios de humor.
c) Dolor, pérdida de función, deformidad, acortamiento, crepitación, hinchazón local y cambios de color.
d) Ninguna de las respuestas anteriores es cierta.

15. En las fracturas de huesos largos los fragmentos pueden presentar un traslado de:

a) 3 a 6 cm.
b) 1,5 a 5 cm.
c) 2,5 a 4,5 cm.
d) 2,5 a 5 cm.

16. ¿Cuál de estas corresponde al grado IV de fractura abierta?

a) Es una herida abierta de menos de 1 cm de longitud.
b) Es de mayor diámetro sin lesión extensa de los tejidos blandos.
c) No existe el grado IV de fractura abierta.
d) Es más grave, con lesión amplia de tejidos blandos y alto grado de contaminación.

17. ¿Cuál de las siguientes forma parte de los factores de cicatrización de las heridas?

a) Insomnio.
b) Huésped comprometido.

c) Ansiedad.
d) Sistema respiratorio.

18. Cuando la profundidad de la herida atraviesa el tejido subcutáneo hablamos de tipo:

a) Perforante.
b) Profunda.
c) Superficial.
d) Penetrante.

19. Forma parte de la actitud de enfermería en caso de hemorragia dental:

a) Informar al paciente de la necesidad de respirar por la boca y de evitar toser o realizar movimientos bruscos para que no se deshaga el coágulo que se forma.
b) Tomar las constantes vitales de forma continua.
c) Colocar un tapón de gasa humedecido en agua oxigenada en el lugar de la hemorragia e informar al paciente de que debe aprisionarlo fuertemente.
d) Trasladar al paciente al hospital.

20. Sabemos que es una hemorragia arterial cuando:

a) La sangre que brota lo hace de forma continua y babeante. Es de color rojo menos intenso que la sangre arterial (color rojo azulado).
b) La sangre es de color rojo intenso y sale a presión, siendo más acentuada la salida con la sístole cardiaca.
c) Brota de múltiples puntos en forma de sábana (como si de manantiales de agua se tratara). Es de color intermedio entre los dos anteriores.
d) La sangre es de color negro intenso y no se aprecia presión.

Solución al test n.º 15

1. c) Todos los ciudadanos.

2. a) Un acuerdo a nivel mundial para consensuar definiciones relacionadas con la RCP.

3. c) Activación de los servicios de emergencia.

4. a) 112.

5. b) FV.

6. a) Tracción mandibular.

7. a) 30/2.

8. d) Se realizará una insuflación profunda para mejorar la oxigenación.

9. b) El paciente puede respirar y toser.

10. c) Deberemos hacer compresión sobre la herida.

11. a) Náuseas, vómitos, diarrea, ataxia, disartria, depresión del nivel de conciencia, convulsiones, poliuria e hiponatremia.

12. c) Valoración respiratoria, circulatoria y neurológica.

13. a) Apertura de ojos, respuesta verbal y respuesta motora.

14. c) Dolor, pérdida de función, deformidad, acortamiento, crepitación, hinchazón local y cambios de color.

15. d) 2,5 a 5 cm.

16. c) No existe el grado IV de fractura abierta.

17. b) Huésped comprometido.

18. b) Profunda.

19. c) Colocar un tapón de gasa humedecido en agua oxigenada en el lugar de la hemorragia e informar al paciente de que debe aprisionarlo fuertemente.

20. b) La sangre es de color rojo intenso y sale a presión, siendo más acentuada la salida con la sístole cardiaca.

TEST N.º 16

Atención y cuidado del anciano no válido. Especial referencia al Alzheimer

1. Todo lo que se expone de la demencia según la OMS es cierto, excepto:

a) Se da en ella un déficit de múltiples funciones corticales superiores.
b) Generalmente es de naturaleza aguda y nunca progresiva.
c) Es un síndrome debido a una enfermedad del cerebro.
d) Entre las alteraciones que pueden darse están las de la memoria, el pensamiento, la orientación, la comprensión, el cálculo, la capacidad de aprendizaje, el lenguaje y el juicio.

2. ¿Qué funciones mentales alteradas nos harán sospechar de demencia?

a) La percepción y sensación.
b) La forma de hablar y de escuchar.
c) La memoria y de la inteligencia (pensamiento, capacidad de aprendizaje…).
d) Nada de lo anterior es significativo de sospecha.

3. ¿Qué circunstancias o factores etiopatogénicos guardan relación estrecha con el incremento de la demencia en España?

a) El incremento de la natalidad.
b) El progresivo envejecimiento poblacional.
c) El incremento de la esperanza de vida.
d) El progresivo envejecimiento poblacional y el incremento de la esperanza de vida.

4. El fenómeno lesional del sistema nervioso central en las demencias se debe fundamentalmente a:

a) Una involución primaria.
b) Una isquemia.
c) Una anoxia.
d) Puede deberse a todo lo anterior.

5. ¿En qué cromosoma se localiza la anomalía de carácter genético de la demencia fronto-temporal?

a) En el cromosoma 8.
b) En el cromosoma 12.
c) En el cromosoma 17.
d) En el cromosoma 21.

6. ¿Qué porcentaje de todas las demencias tipo Alzheimer se da la demencia tipo Alzheimer precoz y familiar?

a) 1 %.
b) 10 %.
c) 20 %.
d) 509 %.

7. ¿En qué par cromosómico se encuentra la anomalía que provoca la demencia frontal?

a) En el par 14.
b) En el par 17.
c) En el par 19.
d) En el par 21.

8. ¿Qué teoría permitiría explicar cómo una enfermedad potencialmente heredada (Enfermedad de Alzheimer) permanece latente durante la juventud y la madurez, para expresarse fenotípicamente en el momento de la senectud?

a) Teoría monoclonal.
b) Teoría de las buenas causas.
c) Teoría de la apoptosis o muerte celular programada.
d) Teoría policlonal.

9. ¿Qué neurotransmisor está disminuido en la enfermedad de Alzheimer?

a) La acetilcolina.
b) La noradrenalina, dopamina y serotonina.
c) La histamina y otros neurotransmisores no nombrados.
d) Todos los anteriores pueden estar bajos en la enfermedad de Alzheimer.

10. ¿Qué demencias corticales de estas es de tipo primario?

a) Enfermedad de Parkison.
b) Enfermedad de Creutzfeldt-Jakob.

c) Enfermedad de Alzheimer.

d) Síndrome Wernicke-Korsakoff.

11. ¿Qué demencia primaria de éstas no es subcortical?

a) Enfermedad de Pick.

b) Enfermedad de Parkinson.

c) Enfermedad de Creutzfeldt-Jacob.

d) Corea de Huntington.

12. ¿Qué demencia secundaria de éstas consideras de origen claramente metabólico?

a) Déficit de vitamina B12.

b) Ictus isquémico.

c) Ictus hemorrágico.

d) Corea de Huntington.

13. La parálisis general progresiva (PGP) es una demencia:

a) Primaria y cortical.

b) Primaria y subcortical.

c) Secundaria y cortical.

d) Secundaria y de tipo metabólico.

14. ¿Qué demencia secundaria es generalmente reversible?

a) Postencefalítica.

b) Hemorrágica.

c) Medicamentosa.

d) Anóxica.

15. ¿Qué trastorno en las demencias interfiere fundamentalmente en el funcionamiento global de la persona?

a) Disminución de la capacidad intelectual.

b) Alteración de la afectividad.

c) Cambios anatomofuncionales propios del envejecimiento.

d) Ninguno de los anteriores.

16. ¿Qué alteración de estas en las demencias no es del nivel intelectual?

a) Agnosia del espejo.

b) Deterioro de la capacidad de juicio.

c) Labilidad afectiva.
d) Dificultad en la definición de palabras y conceptos.

17. ¿Qué prueba de imagen de medicina nuclear se emplea más idóneamente para el diagnóstico de demencia?

a) TC.
b) Gammagrafía cerebral.
c) SPET cerebral.
d) RIA cerebral.

18. ¿Qué tipo de evolución se da en las demencias seniles de tipo vascular por el deterioro irreversible que causan? Evolución:

a) En rampa descendente.
b) En brotes.
c) En espiga.
d) En escalera.

19. ¿Qué tipo de evolución se da en las demencias seniles de tipo Alzheimer? Evolución:

a) En rampa descendente.
b) En brotes.
c) En espiga.
d) En escalera.

20. ¿Con qué técnica se hace el diagnóstico definitivo y seguro de la enfermedad de Alzheimer?

a) TC cerebral.
b) RM cerebral.
c) SPET cerebral.
d) Biopsia cerebral.

En MADTEST tienes **más preguntas de este tema**, y todos tus avances quedan registrados y se reflejan en el ranking.

¡Supera tus límites con MADTEST!

Solución al test n.º 16

1. b) Generalmente es de naturaleza aguda y nunca progresiva.

2. c) La memoria y de la inteligencia (pensamiento, capacidad de aprendizaje…).

3. d) El progresivo envejecimiento poblacional y el incremento de la esperanza de vida.

4. d) Puede deberse a todo lo anterior.

5. c) En el cromosoma 17.

6. b) 10 %.

7. b) 17.

8. c) Teoría de la apoptosis o muerte celular programada.

9. d) Todos los anteriores pueden estar bajos en la enfermedad de Alzheimer.

10. c) Enfermedad de Alzheimer.

11. a) Enfermedad de Pick.

12. a) Déficit de vitamina B12.

13. b) Primaria y subcortical.

14. c) Medicamentosa.

15. a) Disminución de la capacidad intelectual.

16. c) Labilidad afectiva.

17. c) SPET cerebral.

18. d) En escalera.

19. a) En rampa descendente.

20. d) Biopsia cerebral.

TEST N.º 17

Atención y cuidado del enfermo psiquiátrico. Especial referencia a las crisis agudas y métodos de contención

1. La definición de la OMS de salud mental dice que es el resultado de la presencia de aspectos, necesarios para alcanzar un estado de completo bienestar de tipo:

a) Psicológico, afectivo y ambiental sobre la salud.
b) Psicológico, afectivo y social sobre la salud.
c) Afectivo, social y ambiental sobre la salud.
d) Físico, psicológico y social sobre la salud.

2. ¿Qué aspectos multifactoriales se recogen en un mismo individuo?

a) Aspectos físicos, psíquicos, religiosos, culturales y ambientales.
b) Aspectos físicos, psíquicos, socioeconómicos y ambientales.
c) Aspectos físicos, sociales, éticos, psíquicos y ambientales.
d) Aspectos físicos, psíquicos, sociales, culturales y ambientales.

3. ¿Qué concepto implica que el hecho de la existencia de una relación de afecto, emoción o sentimiento de la persona vaya a tener repercusiones somáticas positivas o negativas, tales como cefaleas, náuseas, diarreas, etc.?

a) El concepto de dinamismo.
b) El concepto de interacción.
c) El concepto de normalidad.
d) El concepto de aversión.

4. ¿Qué número de edición es la vigente del _Manual diagnóstico y estadístico de los trastornos mentales de la Asociación Estadounidense de Psiquiatría_ (DSM)? La edición:

a) Segunda.
b) Tercera.
c) Cuarta.
d) Quinta.

5. ¿Cuántas categorías de trastornos mentales incluye la actual clasificación de trastornos mentales de la Asociación Estadounidense de Psiquiatría DSM?

a) 18.
b) 22.
c) 30.
d) 35.

6. ¿Qué clasificación de trastornos mentales recomienda la OMS que se use?

a) DSM- V.
b) CIE- 10.
c) DMS- III.
d) ASLO- V.

7. La ansiedad es un trastorno de tipo:

a) Psicótico.
b) Neurótico.
c) Sociopático.
d) Psicopático, asociado a toxicomanías.

8. ¿Qué característica presenta el nivel de ansiedad donde el individuo presenta una atención selectiva y un campo perceptivo disminuido?

a) Nivel de ansiedad leve.
b) Nivel de ansiedad moderado.
c) Nivel de ansiedad severo.
d) Ausencia.

9. El miedo irracional a los espacios abiertos se denomina:

a) Claustrofobia.
b) Dismorfobia.
c) Agorafobia.
d) Eritrofobia.

10. ¿Qué se denomina como contenidos o actividades psíquicas que se imponen en un individuo a pesar suyo?

a) Neurosis.
b) Fobia.
c) Obsesión.
d) Ilusión.

11. ¿Qué trastorno presentan las personas con el cuadro clínico típico de *flashbacks*?

a) Trastorno obsesivo-compulsivo.
b) Trastorno de estrés traumático.
c) Trastorno fóbico.
d) Trastorno de ansiedad generalizada.

12. Según la DMS los trastornos del estado de ánimo o afectivos denominados trastornos depresivos, incluyen:

a) Las fobias y los trastornos bipolares.
b) El episodio depresivo mayor, el episodio maníaco y el episodio mixto.
c) El trastorno depresivo mayor y el trastorno distímico.
d) Los trastornos bipolares y ciclotímicos.

13. ¿Qué trastorno del ánimo o afectivo (según DSM) pertenece al grupo de los trastornos depresivos?

a) Trastorno Depresivo Mayor.
b) Episodio maníaco.
c) Episodio mixto.
d) Trastorno bipolar.

14. ¿Qué otro nombre recibe los trastornos bipolares?

a) Ciclotimia.
b) Psicosis afectiva no polar.
c) Psicosis falsotímica.
d) Todos los anteriores son correctos.

15. ¿En qué momento del síndrome bipolar ciclotímico existe mayor riesgo de suicidio?

a) Al principio de la fase maníaca.
b) En el momento de la fase depresiva.
c) Al recuperarse de la fase depresiva.
d) Al recuperarse de la fase maníaca.

16. ¿Cuál es la edad de presentación más frecuente de la esquizofrenia?

a) Adolescencia y adulto joven.
b) Primera infancia.
c) Segunda infancia y adolescencia.
d) Adulto maduro (más de 45 años) y senectud.

17. La lentitud o inhibición del pensamiento que puede llegar hasta el bloqueo se denomina:

a) Taquipsiquia.
b) Bradifemia.
c) Bradipsiquia.
d) Verborrea.

18. ¿Qué modalidad de esquizofrenia se caracteriza por presentar períodos alternantes de apatía extrema y excitación intensa?

a) Esquizofrenia paranoide.
b) Esquizofrenia catatónica.
c) Esquizofrenia hebefrénica.
d) Esquizofrenia residual.

19. ¿Qué aspecto de la esquizofrenia induce a pensar que posee buen pronóstico?

a) Asociada a abuso de drogas.
b) Si es de tipo desorganizado o indiferenciado.
c) Si comienza en edad temprana.
d) Si clínicamente existe confusión y signos atípicos.

20. ¿Qué sustancias se usan para disminuir el nivel de ansiedad?

a) Benzodiacepinas.
b) Inhibidores de la monoaminooxidasa.
c) Neurolépticos.
d) Antidepresivos tricíclicos.

En MADTEST tienes **más preguntas de este tema**, y todos tus avances quedan registrados y se reflejan en el ranking.

¡Supera tus límites con MADTEST!

Solución al test n.º 17

1. b) Psicológico, afectivo y social sobre la salud.

2. b) Aspectos físicos, psíquicos, socioeconómicos y ambientales.

3. b) El concepto de interacción.

4. d) Quinta.

5. b) 22.

6. b) CIE- 10.

7. b) Neurótico.

8. b) Nivel de ansiedad moderado.

9. c) Agorafobia.

10. c) Obsesión.

11. b) Trastorno de estrés traumático.

12. c) El trastorno depresivo mayor y el trastorno distímico.

13. a) Trastorno Depresivo Mayor.

14. a) Ciclotimia.

15. c) Al recuperarse de la fase depresiva.

16. a) Adolescencia y adulto joven.

17. c) Bradipsiquia.

18. b) Esquizofrenia catatónica.

19. d) Si clínicamente existe confusión y signos atípicos.

20. a) Benzodiacepinas.

TEST N.º 18

Atención al enfermo terminal. Apoyo al cuidador principal y familia. Cuidados post mortem

1. ¿Qué aspecto de estos es clave que se dé en cuidados paliativos, siempre que sea posible?

a) La atención hospitalaria.
b) La atención en centro de salud habitual.
c) La atención en centro de salud especializado.
d) La atención domiciliaria.

2. Respecto a los cuidados paliativos no es cierto que:

a) Mejoran la calidad de vida de los pacientes y de sus familias.
b) Alivian el dolor y otros síntomas.
c) Aceleran la muerte.
d) Afirman la vida, y consideran la muerte como un proceso normal.

3. ¿Qué pronóstico (en meses) de vida es el promedio general en pacientes terminales?

a) Está limitado a 2 meses (± 1).
b) Está limitado a 3 meses (± 2).
c) Está limitado a 6 meses (± 3).
d) Está limitado a 9 meses (± 3).

4. ¿Qué principio básico, según Beauchamp y Childress, se sintetiza con la expresión latina *primum non nocere*?

a) Justicia.
b) No maleficencia.
c) Autonomía.
d) Beneficencia.

5. ¿En qué tipo de actuaciones se basan los cuidados paliativos?

a) Eutanasia.
b) Eugenesia.
c) Distanasia.
d) Ortotanasia.

6. A toda acción que pretende terminar con la vida del enfermo para acabar con el sufrimiento se le denomina:

a) Eutanasia.
b) Distanasia.
c) Eugenesia.
d) Ortotanasia.

7. ¿Cuál de estos derechos que se nombran a continuación, de las personas adultas en situación terminal, no consideras que sea tal?

a) Derecho a recibir atención médica y soporte personal.
b) Derecho a la autodeterminación y a rechazar un tratamiento.
c) Derecho a participar en la toma de decisiones relativas a las pruebas complementarias, aunque no en el tratamiento.
d) Derecho a ser tratados con la mayor dignidad y a ver su dolor aliviado.

8. Respecto al reposo y al sueño del enfermo terminal es cierto que:

a) Son infrecuentes las irregularidades en el patrón del sueño.
b) No se deben dar hipnóticos para el sueño, aunque se prescriban por el facultativo.
c) Hay que evitar que se sienta solo, y esto lo relaja y disminuye su estrés, favoreciendo que no se den las irregularidades del sueño.
d) La causa del insomnio siempre es psicológica.

9. ¿Qué consejo en la alimentación en cuidados paliativos es incorrecto?

a) No presionar o agobiar al paciente con la comida, intentando adaptarse al "gusto" del paciente.
b) Presentar la comida de forma atractiva (la comida entra por los ojos).
c) Fraccionar la dieta en seis o siete tomas al día (más veces, menos cantidad), evitando alimentos flatulentos, muy condimentados, o/y con olores intensos.
d) Hay que obligar a comer a los pacientes, la falta de comida constituye una ded las causas de empeoramiento.

10. ¿Qué virus es el que más frecuentemente aparece en la boca de los enfermos que están recibiendo quimioterapia?

a) Cándida.
b) Virus de Epstein-Barr.

c) Citomegalovirus.
d) Herpes simple.

11. ¿Qué aspecto no posee el dolor agudo que sí lo posee el dolor crónico?

a) Posee una misión biológica.
b) Mejor vía de administración la analgesia oral/rectal.
c) Posee un comienzo de alivio rápido.
d) El paciente presenta un estado emocional ante el dolor de cansado/ansioso.

12. ¿Qué factor de esto disminuye el dolor?

a) Miedo.
b) Depresión.
c) Vejez.
d) Sueño.

13. ¿Qué dolor de estos no es nociceptivo?

a) El dolor somático, por estimulación de los receptores periféricos.
b) El dolor visceral, por infiltración, compresión o distensión de vísceras.
c) El dolor neuropático, por daño del Sistema Nervioso Central (dolor central) o peri-férico (desaferentización).
d) Todos son nociceptivos.

14. Todo lo que se expone del fentanilo es cierto, excepto que:

a) Es un opioide sintético.
b) El fentanilo tiene indicaciones diferentes a la morfina en el tratamiento de dolor crónico que no responda al segundo escalón de la OMS.
c) El principal inconveniente del fentanilo-TTS es su mala adherencia en pieles sudo-rosas o/y febriles.
d) El fentanilo está especialmente indicado en disfagia/odinofagia, cuando existe un escaso cumplimiento de la medicación oral y cuando se dan problemas en el tránsito gastrointestinal (ocasiona menos estreñimiento).

15. ¿Qué causa de la ansiedad se relaciona con las fases de duelo de la doctora Kübler-Ross?

a) Los problemas relacionados con efectos directos de la enfermedad o complicacio-nes médicas.
b) Las reacciones adaptativas como consecuencia de la aparición de cambios inevitables.
c) Los problemas derivados de la existencia previa de problemas psicológicos.
d) Aquellas derivadas de los efectos secundarios del tratamiento.

16. ¿Qué nivel de sedación presenta un paciente con una respuesta rápida a estímulos dolorosos/presión glabelar, según la escala de Ramsay?

a) Nivel de sedación II.
b) Nivel de sedación III.
c) Nivel de sedación IV.
d) Nivel de sedación V.

17. ¿Cómo se denomina la capacidad para comprender, aceptar y compartir los sentimientos del paciente (incluso de otras personas)?

a) Catarsis.
b) Empatía.
c) Reflexividad.
d) Eustrés.

18. ¿Qué respuestas es incorrecta?

a) Las familias necesitan atención al mismo tiempo que el paciente terminal.
b) Los familiares deben ser partícipes del plan de cuidados del paciente.
c) No es conveniente instruir a los familiares en los cuidados necesarios para el paciente.
d) El médico debe facilitar a la familia la mayor cantidad de información posible sobre el estado del paciente.

19. ¿Cuál de estas etapas de aceptación de la muerte (Kübler-Ross) suele ser cronológicamente la primera?

a) Ira.
b) Negociación.
c) Negación.
d) Aceptación.

20. ¿En qué fase según Spoken está el paciente terminal que aún no conoce el diagnóstico ni el alcance de la enfermedad, pero la familia sí?

a) Fase de despreocupación.
b) Fase de inseguridad.
c) Fase de negación.
d) Fase de comunicación de la verdad.

En MADTEST tienes **más preguntas de este tema**, y todos tus avances quedan registrados y se reflejan en el ranking.

¡Supera tus límites con MADTEST!

Solución al test n.º 18

1. d) La atención domiciliaria.

2. c) Aceleran la muerte.

3. c) Está limitado a 6 meses (± 3).

4. b) No maleficencia.

5. d) Ortotanasia.

6. a) Eutanasia.

7. c) Derecho a participar en la toma de decisiones relativas a las pruebas complementarias, aunque no en el tratamiento.

8. c) Hay que evitar que se sienta solo, y esto lo relaja y disminuye su estrés, favoreciendo que no se den las irregularidades del sueño.

9. d) Hay que obligar a comer a los pacientes, la falta de comida constituye una ded las causas de empeoramiento.

10. d) Herpes simple.

11. b) Mejor vía de administración la analgesia oral/rectal.

12. d) Sueño.

13. c) El dolor neuropático, por daño del Sistema Nervioso Central (dolor central) o periférico (desaferentización).

14. b) El fentanilo tiene indicaciones diferentes a la morfina en el tratamiento de dolor crónico que no responda al segundo escalón de la OMS.

15. b) Las reacciones adaptativas como consecuencia de la aparición de cambios inevitables.

16. c) Nivel de sedación IV.

17. b) Empatía.

18. c) No es conveniente instruir a los familiares en los cuidados necesarios para el paciente.

19. c) Negación.

20. a) Fase de despreocupación.

TEST N.º 19

Higiene en los centros residenciales. Medidas de prevención de infecciones. Desinfección y esterilización. Manipulación y conservación de material: instrumental, vendas, gasas, compresas, guantes. Prevención de enfermedades transmisibles

1. ¿Qué tipo de agentes utiliza más frecuentemente la asepsia para conseguir matar y eliminar los microorganismos?

a) Agentes mecánicos.
b) Agentes físicos.
c) Agentes biológicos.
d) Agentes químicos.

2. El material estéril:

a) No posee ningún tipo de microorganismo patógeno.
b) No posee gérmenes tipo virus, bacterias y hongos.
c) No posee ningún tipo de microorganismo patógeno, ni microorganismo no patógeno, e incluso ni siquiera sus formas de resistencia.
d) No posee ningún tipo de microorganismo patógeno y no patógeno.

3. ¿Qué termino es sinónimo de antisepsia en la práctica?

a) Descontaminación.
b) Desinfección.
c) Esterilización.
d) Desinfestación.

4. ¿Cómo se denomina al conjunto de técnicas destinadas a la eliminación de los artrópodos?

a) Desinsectación.
b) Desinfección.

c) Esterilización.
d) Desinfestación.

5. ¿Qué insecticidas en la práctica se consideran los más importantes?

a) Asfixiantes.
b) Fumigantes.
c) Repelentes.
d) Por contacto.

6. ¿Qué método se emplea para la destrucción de todos los microorganismos y formas de resistencia de los mismos (esporas)?

a) Antisepsia.
b) Desinfección.
c) Esterilización.
d) Fumigación.

7. ¿Cuál de estos mecanismos de acción no se emplea en esterilización?

a) Muerte por calor.
b) Muerte por frío.
c) Muerte por agente químico.
d) Muerte por radiación.

8. ¿Cuál de estas técnicas de esterilización es en "frío"?

a) Mediante autoclave.
b) Mediante horno Pasteur.
c) Mediante flameado.
d) Mediante radiación gamma.

9. ¿Cuál de las siguientes ventajas e inconvenientes del autoclave es falsa?

a) Es un medio de esterilizar barato, sencillo, rápido y eficaz.
b) Es aplicable a una gran gama de materiales.
c) Las altas temperaturas de la técnica desestructura el material.
d) Son correctas todas las respuestas anteriores.

10. ¿Qué procedimiento de esterilización por calor es aquel que consiste en el uso de hornos crematorios para quemar el material de un solo uso y otros contaminados biológicamente?

a) Flameado.
b) Horno Pasteur.

c) Poupinel.
d) Incineración.

11. La persona con capacidad padecer una enfermedad infecciosa se denomina técnicamente:

a) Portador enfermo.
b) Portador sano o asintomático.
c) Huésped susceptible.
d) Huésped refractario.

12. La Epidemiología de las enfermedades transmisibles estudia los factores que van a relacionar el agente causal con...

a) El portador.
b) El ambiente.
c) El sujeto o huésped susceptible.
d) El reservorio.

13. ¿Cuál de estas afirmaciones no es correcta respecto a los postulados de Koch?

a) Siempre debemos encontrar el microorganismo en la enfermedad.
b) Se debe aislar, pero no se cultiva desde las lesiones.
c) Se reproduce la enfermedad al inocular un cultivo puro a un animal susceptible.
d) El microorganismo debe dar lugar a una respuesta inmune detectable en laboratorio.

14. ¿Cómo se denomina la relación de interacción entre agente causal y huésped cuando existe beneficio para el agente o el huésped, pero sin perjuicio para el otro?

a) Saprofitismo.
b) Simbiosis.
c) Parasitismo.
d) Comensalismo.

15. ¿Cómo se denomina la capacidad del agente etiológico para extenderse?

a) Contagiosidad.
b) Infectividad.
c) Patogenicidad.
d) Virulencia.

16. ¿Qué vía de transmisión de estas es la más frecuente?

a) Transplacentaria.
b) Por bebida de fuente contaminada o comida contaminada.

***c) Por vía aérea.
d) Por vía venérea.

17. ¿Cuál es el último eslabón de la cadena epidemiológica?

***a) Huésped susceptible (con capacidad de enfermar).
b) Huésped refractario (sin capacidad de enfermar).
c) Fuente.
d) Vector.

18. ¿Qué elementos de estos es de fijación?

***a) Vendas.
b) Hule.
c) Celulosa.
d) Algodón hidrófilo.

19. ¿Cada cuánto se limpia el mobiliario de la habitación del paciente?

***a) Se limpia cada día.
b) Se limpia cada tres días.
c) Se limpia una vez a la semana.
d) Se limpia una vez al mes.

20. ¿Qué técnicas de medio de control químico (testigo) se realizan en esterilización?

a) Técnicas azufradas.
***b) Técnicas colorimétricas.
c) Técnicas olorimétricas.
d) Las respuestas a) y c) son correctas.

En MADTEST tienes **más preguntas de este tema**, y todos tus avances quedan registrados y se reflejan en el ranking.

¡Supera tus límites con MADTEST!

Solución al test n.º 19

1. b) Agentes físicos.

2. c) No posee ningún tipo de microorganismo patógeno, ni microorganismo no patógeno, e incluso ni siquiera sus formas de resistencia.

3. b) Desinfección.

4. a) Desinsectación.

5. d) Por contacto.

6. c) Esterilización.

7. b) Muerte por frío.

8. d) Mediante radiación gamma.

9. d) Son correctas todas las respuestas anteriores.

10. d) Incineración.

11. c) Huésped susceptible.

12. c) El sujeto o huésped susceptible.

13. b) Se debe aislar, pero no se cultiva desde las lesiones.

14. d) Comensalismo.

15. a) Contagiosidad.

16. c) Por vía aérea.

17. a) Huésped susceptible (con capacidad de enfermar).

18. a) Vendas.

19. a) Se limpia cada día.

20. b) Técnicas colorimétricas.

Salud laboral: condiciones de trabajo y seguridad en el puesto de Auxiliar de Enfermería. Factores de riesgo. Medidas de prevención y protección

1. ¿Cuál es en España la norma básica que regula en la actualidad la materia de Prevención de Riesgos Laborales?

a) Ley 31/1995, de 8 de noviembre.
b) Ley 13/1990, de 22 de abril.
c) Ley 22/2000, de 12 de diciembre.
d) Ley 14/1998, de 25 de septiembre.

2. La Higiene teórica proveniente de la Higiene en el Trabajo:

a) Se encarga de la identificación cualitativa y cuantitativa de los agentes nocivos.
b) Se encarga de buscar soluciones a los problemas detectados y trata de eliminar todos los riesgos.
c) Se encarga del estudio a través de la investigación en el ámbito de la higiene laboral.
d) Se encarga de estudiar la relación entre dosis de exposición al agente nocivo y la respuesta que este desencadena en el organismo humano.

3. ¿De qué se dice que "es aquel en el que la producción de calor metabólico está en equilibrio con las pérdidas de calor orgánico (por convección e irradiación), las pérdidas de calor respiratorio y la transpiración insensible"?

a) Ambiente térmico fisiológico.
b) Ambiente térmico neutro.
c) Ambiente térmico físico-químico.
d) Nada de lo anterior es cierto.

4. ¿Cuál es la unidad más empleada en medicina del trabajo respecto al ambiente sonoro, si queremos evaluar la existencia o no de contaminación acústica?

a) Lumen.
b) Son.

c) Decibelio.
d) metro/segundo.

5. ¿Qué radiaciones electromagnéticas de estas consideras ionizante?

a) Radiaciones Y e infrarroja.
b) Radiaciones X y gamma.
c) Radiaciones alfa y beta.
d) Radiaciones alfa e infrarroja.

6. ¿Qué medida universal de estas respecto a los riesgos relacionados con la exposición a agentes biológicos durante el trabajo en ambientes hospitalarios es del tipo inmunización activa?

a) Suero frente a hepatitis B.
b) Vacunación frente a hepatitis B.
c) Quimioprofilaxis antivírica.
d) Todo lo anterior es cierto.

7. La esterilización por calor húmedo bajo presión es mediante:

a) Autoclave.
b) Poupinel.
c) Incineración.
d) Flameado.

8. ¿Qué zona corporal es la más dañada por la manipulación de cargas?

a) Espalda (zona dorsolumbar).
b) Tórax.
c) Espalda (zona cervical).
d) Extremidades inferiores.

9. ¿Qué carga no se recomienda que manejen mujeres, trabajadores jóvenes o aquellos de edad avanzada?

a) Cargas superiores a 5 kg.
b) Cargas superiores a 15 kg.
c) Cargas superiores a 25 kg.
d) Cargas superiores a 35 kg.

10. ¿Cuál es el tamaño máximo recomendable de una carga (alto x ancho x profundo, en cm)?

a) 70 x 50 x 50.
b) 60 x 60 x 60.

c) 60 x 60 x 50.
d) 80 x 60 x 60.

11. ¿Qué distancias indicarán las «coordenadas» de la situación espacial de la carga?

a) Distancias H y T.
b) Distancias T y V.
c) Distancias H y S.
d) Distancias H y V.

12. ¿A qué se denomina la disminución de la capacidad física y mental después de realizar un trabajo?

a) Carga mental.
b) Fatiga.
c) Adinamia.
d) Estrés.

13. La carga mental se denomina también:

a) Esfuerzo intelectual.
b) Esfuerzo mental.
c) Carga psíquica.
d) Carga cognitiva.

14. ¿Cómo se llama también el síndrome de quemado o de agotamiento profesional?

a) Mobbing.
b) Burnout.
c) Eustrés.
d) Distrés.

15. La ciencia de la adaptación del trabajo al hombre es:

a) Laborterapia.
b) Ergonomía.
c) Terapia Ocupacional.
d) Ninguna de las anteriores.

16. ¿Qué ergonomía se encarga del estudio de la relación entre el ser humano y las condiciones métricas de su puesto de trabajo en lo relativo a su comodidad y confort estático, tanto en posiciones de pie como sentado, pie-sentado, etc.?

a) Ergonomía geométrica.
b) Ergonomía geográfica.

c) Ergonomía ambiental.
d) Ergonomía temporal.

17. Los esfuerzos repetitivos de las muñecas pueden ocasionar:

a) Tendinitis.
b) Cefaleas.
c) Lumbalgias.
d) Todo lo anterior.

18. ¿Qué riesgo en particular pueden presentar más frecuentemente las cargas de peso en diferentes situaciones cuando es demasiado pesada o demasiado voluminosa?

a) Riesgo craneocervical.
b) Riesgo cervical.
c) Riesgo dorsocervical.
d) Riesgo dorsolumbar.

19. ¿En qué circunstancias el medio de trabajo no aumenta el riesgo, particularmente dorsolumbar?

a) Cuando el espacio libre, especialmente vertical, resulta insuficiente para el ejercicio de la actividad de que se trate.
b) Cuando el suelo es regular.
c) Cuando la situación o el medio de trabajo no permite al trabajador la manipulación manual de cargas a una altura segura.
d) Cuando la situación o el medio de trabajo no permite al trabajador la manipulación manual de cargas en una postura correcta.

20. ¿Qué equipo (EPI) suele emplearse como de uso general a nivel sanitario?

a) Delantales.
b) Guantes de látex.
c) Gafas de seguridad.
d) Viseras.

En MADTEST tienes **más preguntas de este tema**, y todos tus avances quedan registrados y se reflejan en el ranking.

¡Supera tus límites con MADTEST!

Solución al test n.º 20

1. a) Ley 31/1995, de 8 de noviembre.

2. d) Se encarga de estudiar la relación entre dosis de exposición al agente nocivo y la respuesta que este desencadena en el organismo humano.

3. b) Ambiente térmico neutro.

4. c) Decibelio.

5. b) Radiaciones X y gamma.

6. b) Vacunación frente a hepatitis B.

7. a) Autoclave.

8. a) Espalda (zona dorsolumbar).

9. b) Cargas superiores a 15 kg.

10. c) 60 x 60 x 50.

11. d) Distancias H y V.

12. b) Fatiga.

13. d) Carga cognitiva.

14. b) Burnout.

15. b) Ergonomía.

16. a) Ergonomía geométrica.

17. a) Tendinitis.

18. d) Riesgo dorsolumbar.

19. b) Cuando el suelo es regular.

20. b) Guantes de látex.

Cómo acceder al Curso

Auxiliar de Enfermería
Test del temario

El uso de los códigos **es exclusivo de los compradores de los productos de Editorial MAD**. Cada producto posee un código único y de un solo uso. Es personal e intransferible y da acceso a servicios y contenidos adicionales. Editorial MAD se reserva el derecho de hacer cuantas comprobaciones sean necesarias para identificar al legítimo poseedor del código y dejar de dar servicio a quien haga uso fraudulento del mismo, además de emprender cuantas acciones legales estime oportunas según la legislación vigente.

Deberás acceder a:

mad.es/registro-campus

Si una vez aceptadas las condiciones de uso del Campus decides hacer uso del mismo, necesitarás del siguiente código de acceso junto con los códigos del resto de títulos que se exigen (si fuera el caso):

PGMWH9RXJ5